Totgeschwiegen

Ein Leseprojekt
zu dem
gleichnamigen Jugendbuch
von
Michael Borlik

erarbeitet
von
Daniela Rothermich

Illustrationen
von
Matthias Pflügner

Inhaltsverzeichnis

Kapitel 1

1 **V**or einigen Monaten in Berlin: 16. Mai

2 Ein grauenhafter Gedanke erfüllte Ronny: „Der Mann

3 wird sterben!" Ronny fühlte sich so schrecklich wie nie

4 zuvor in seinem Leben. Seine Hände zitterten. Ihm war

5 kalt. „Was hab ich getan?", murmelte er vor sich hin.

6 „Was hab ich bloß getan?"

7 Es war dunkle Nacht.

8 Die blassgelbe Neonröhre über ihm an einer Hauswand

9 flackerte hell-dunkel, hell-dunkel, hell-dunkel …

10 Ronny sank auf die Knie. Er streckte seine zitternde Hand

11 aus und berührte vorsichtig das blutige Gesicht

12 des Obdachlosen.

13 Atmete der Mann überhaupt noch? Er lag am Boden
14 und bewegte sich nicht.
15 Ronny tastete nach dem Handgelenk des Mannes und
16 spürte seinen schwachen Puls.
17 „Warum habe ich nicht früher reagiert?", fragte sich
18 Ronny. Der Obdachlose hatte geschrien.
19 Aber die Schläge hatten nicht aufgehört. Er musste
20 unerträgliche Schmerzen gehabt haben. Er hatte
21 gewimmert wie ein kleines Kind.
22 Beim Gedanken daran schluchzte Ronny.
23 „Es tut mir leid … Ich …", stammelte er. Dann wischte er
24 sich über die Augen und zwang sich hinzusehen.
25 Er wollte das verletzte Gesicht ganz genau in Erinnerung
26 behalten. Die blutigen Lippen, die blutende Nase,
27 das zugeschwollene Auge. Ihm wurde übel. Trotzdem
28 wollte er dieses Gesicht niemals vergessen. Es sollte ihn
29 ein Leben lang daran erinnern, was er getan hatte.
30 „So einer ist doch auch ein Mensch!", dachte er
31 entsetzt. „Kein Punchingball [Panschingboll], an dem man
32 seine Wut auslassen kann!" Von dem Regen, der fiel,
33 bemerkte Ronny nichts.
34 Plötzlich ruckte Ronnys Kopf in die Höhe. Das Geheul
35 von Sirenen war zu hören.

Fortsetzung folgt

1. Auf dem Bild auf Seite 3 siehst du Ronny.
   Er schaut die Polizisten an.

a) Sieh dir das Bild noch einmal an.

b) Sprecht über diese Fragen in der Klasse:
   - Wie alt ist Ronny wohl ungefähr?
   - Was ist noch auf dem Bild zu sehen?
   - Wie fühlt sich Ronny wohl?

c) Sammelt zu den Fragen Stichworte an der Tafel.

2. Ronny befindet sich in einer schwierigen Situation.
   Was ist wohl passiert?

a) Stelle Vermutungen an. Überlege mit einem Partner.

b) Schreibe mit eigenen Worten auf die Linien.
   Begründe deine Vermutung.
   Schreibe vollständige Sätze auf.

Ronny _____

_____

_____

_____

_____

_____

_____

3. Ronny denkt: „So einer ist doch auch ein Mensch!
   Kein Punchingball, an dem man seine Wut
   auslassen kann!"
   Was ist ein Punchingball?
   Ergänze die passenden Wörter aus dem Kasten.

~~Übungsgerät~~ / Fäusten und Füßen /
Sack / kräftiger / Sand / befestigt / schneller

Ein Punchingball ist ein _Übungsgerät_ für Boxer.

Es handelt sich um einen sehr schweren _____,

der meistens mit _____ gefüllt ist. Er kann

an der Decke oder an der Wand _____ werden.

Boxer üben daran mit ihren _____

_____, um _____ schlagen und

_____ reagieren zu können.

4. **Das Gefühl, wütend zu sein, kennt jeder.**
   Was machst du, wenn du wütend bist?
   Schreibe zwei Sätze in dein Heft. Beginne so:
   Wenn ich wütend bin, ...   Das kann ich tun, indem ich ...
   Tipp: Die Wörter im Kasten helfen dir.

Dampf ablassen / irgendwie abreagieren /
Sport / laute Musik

5. **Warum ist Gewalt gegen einen anderen Menschen keine Lösung für die eigenen Probleme?**
   Die Satzteile der Sätze sind durcheinandergeraten.
   Ordne sie. Schreibe sie richtig auf die Linien.

   einem anderen Menschen   Niemand darf
   körperlichen oder seelischen Schaden zufügen.

   _____

   _____

   _____

   ist strafbar.
   Körperliche und seelische Gewalt
   gegen einen anderen Menschen

   _____

   _____

   wenn man einem anderen Menschen
   Es löst die eigenen Probleme nicht,
   körperlich oder seelisch schadet.

   _____

   _____

   _____

6. **Der verletzte Mann ist ein Obdachloser.**
   Warum leben obdachlose Menschen auf der Straße?
   Sprecht in der Klasse darüber.

7. Ronny will das verletzte Gesicht des Obdachlosen niemals vergessen. Warum wohl?

a) Überlege gemeinsam mit einem Partner.

b) Was könnte Ronny denken?
Schreibe mit eigenen Worten in die Denkblase.

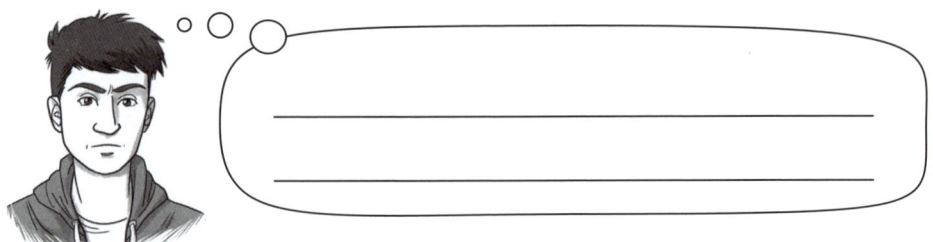

8. Was hast du über den 16. Mai in Berlin erfahren?

a) Gestalte ein Kalenderblatt für den Tag.

Du brauchst:

- ein gelochtes weißes DIN-A4-Blatt
- einen Schnellhefter

So gehst du vor:
- Schreibe den Ort und das Datum oben auf das Blatt.
- Schreibe kurze Sätze darunter.
  Tipp: Du kannst zum Beispiel schreiben:
  Ronny kniet neben einem verletzten Obdachlosen.
  Ronny macht sich Vorwürfe.
  Zwei Personen flüchten.
  Die Polizei kommt.

b) Hefte das fertige Kalenderblatt in den Schnellhefter.

Kapitel 2

1 **J**etzt in Köln: 5. September

2 Die Tür zum Klassenzimmer geht auf und der Neue

3 kommt herein. Er hat eine Sonnenbrille auf der Nase

4 und grinst. Die ganze Klasse starrt ihn an.

5 Die Mädchen flüstern aufgeregt. Die Jungen schauen

6 interessiert.

7 Der Neue sieht cool [kul] aus. Er nimmt die Sonnenbrille

8 ab. Seine Augen sind sehr dunkel, fast schwarz.

9 Er sieht geheimnisvoll aus, vielleicht sogar ein bisschen

10 gefährlich. Genau deshalb interessiert er mich sofort.

11 Ich will alles, wirklich alles über ihn wissen.

12 „Guten Morgen, junger Mann", spricht Frau Krings,

13 unsere Lehrerin, ihn an, „was kann ich für Sie tun?"

14 „Ich bin Ronny Lessing", antwortet er. „Ich bin vor kurzem
15 nach Köln gezogen und neu hier an der Schule.
16 Der Direktor hat mich hierhergeschickt."
17 Meine Freundin und Banknachbarin Jana sagt leise:
18 „Der ist echt süß, oder? Papa hat schon erzählt, dass wir
19 einen Neuen kriegen."
20 Der Schuldirektor ist Janas Vater. Deshalb hat sie oft
21 die besten Informationen.
22 „Willkommen, Ronny, dann nimm doch bitte dort Platz."
23 Frau Krings zeigt auf einen freien Stuhl. Alle sehen
24 gebannt zu Ronny, als er durch den Raum schreitet.
25 „Hey, Tara, hörst du mir überhaupt zu?", fragt Jana
26 ungeduldig.
27 „Klar, ich bin ja nicht taub", antworte ich. Aber sie hat
28 recht, vor lauter Anstarren habe ich alles um mich
29 herum vergessen.

30 In der Pause findet Ronny leicht Anschluss. Die anderen
31 gehen gleich auf ihn zu und wollen seine Freunde
32 werden. Jaron, Steffen und Markus zum Beispiel.
33 Die beliebtesten Jungen der Schule. Sie kleben
34 wie die Kletten an ihm. Ronny zieht alle magisch an –
35 fast wie ein Popstar.
36 Da nimmt Ronny plötzlich seine Sonnenbrille ab und
37 schaut mir direkt in die Augen. Er muss meinen Blick
38 gespürt haben. In diesem Moment weiß ich, dass er
39 der einzige Richtige für mich ist.
40 Trotzdem glaube ich, dass etwas mit ihm nicht stimmt.
41 Er hat ein Geheimnis. Da bin ich mir sicher.
42 Seine Augen wirken traurig und zornig zugleich.
43 Und ständig hat er diese Sonnenbrille auf.

44 Jana verdreht die Augen, als ich ihr sage, was ich
45 über Ronny denke.
46 „Ronny ist an dir interessiert. Das sieht man doch. Jetzt
47 hör doch auf, nach einem Haken zu suchen!", sagt sie.
48 „Ich mag nun mal keine bösen Überraschungen",
49 antworte ich.
50 „Warte einfach ab, wie sich die Sache entwickelt", sagt
51 Jana und lacht.
52 „Kannst du nicht mal deinen Vater ausquetschen?",
53 bitte ich Jana. „Wenn Ronny zum Beispiel
54 an seiner alten Schule etwas angestellt hat,
55 weiß er es doch bestimmt."
56 „Meinetwegen", antwortet Jana. „Aber du weißt, dass er
57 mir solche Sachen nicht erzählen darf. Also mach dir
58 keine großen Hoffnungen."

59 Am Abend sind Jana und ich im Blue Light [Blu leit]
60 verabredet. Das ist ein gemütliches Lokal
61 mit einer kleinen Tanzfläche. Jaron, Steffen und
62 Markus sind auch da. Ronny ist leider nicht dabei.
63 Steffen zieht mich auf die Tanzfläche. Er ist nett, aber ich
64 stehe mehr auf die coolen Typen.
65 Da flüstert er mir zu: „Ronny wollte von Jaron
66 ganz viel über dich wissen!"
67 Mein Herz macht einen Hüpfer.
68 „Echt? Stimmt das wirklich?"
69 Steffen nickt und zwinkert mir zu.
70 Den Rest des Abends gehe ich wie auf Wolken. Ich bin so
71 glücklich, ich könnte die ganze Welt umarmen.

Fortsetzung folgt

1. **Die Kapitel haben Überschriften.**
   Überschriften verraten dir etwas über die Geschichte.

a) **Schreibe die Überschriften der ersten beiden Kapitel auf.**

   Kapitel 1: *Vor* _____

   Kapitel 2: *Jetzt* _____

b) **Was verraten dir die Überschriften?**
   Überlege gemeinsam mit einem Partner.

2. **Was erfährst du in Kapitel 1? Und was in Kapitel 2?**
   Ergänze jeweils die Sätze.

   > Köln / September / Monate / Mai / Berlin /
   > nach seinem Umzug / Vorgeschichte

   In Kapitel 1 erfahre ich, was im Monat _____ passiert

   ist. Kapitel 1 spielt in der Stadt _____ .

   Ich erfahre Ronnys _____, also

   was Ronny in Berlin passiert ist.

   In Kapitel 2 erfahre ich, was im Monat _____

   passiert. Kapitel 2 spielt in der Stadt _____ .

   Ich erfahre also, wie es mit Ronny _____

   _____ in Köln weitergeht. Es sind fast vier

   _____ seit seiner Zeit in Berlin vergangen.

3. **Suche die Städte Berlin und Köln
   auf einer Deutschlandkarte im Atlas.**

4. **Ronny setzt seine Sonnenbrille erst in der Klasse ab.
   Warum trägt er sie im Schulgebäude überhaupt?
   Sprecht in der Klasse darüber.**

5. **Wie wirkt Ronny auf die anderen?
   Unterstreiche auf Seite 9 die passenden Sätze.**

6. **Zwei Mädchen unterhalten sich über Ronny.**

a) **Wie heißen sie? Schreibe die Namen unter die Bilder.**

b) **Was hast du über die Mädchen erfahren?
   Verbinde.**

T

Sie findet Ronny süß.
Ihr Vater ist
der Schuldirektor.

J

Sie ist sehr interessiert
an Ronny. Sie will alles
über ihn wissen.

7. Tara denkt, dass Ronny ein Geheimnis hat.
   Wie kommt sie darauf?
   Sprich mit einem Partner darüber.
   Tipp: Lies noch einmal Seite 10.

8. Tara bittet Jana um etwas.
   Unterstreiche auf Seite 11, was die beiden sagen:
   – rot, was Tara sagt.
   – grün, was Jana sagt.

9. Am Abend ist Tara sehr glücklich. Warum?
   Beantworte die Frage mit eigenen Worten.

   _____

   _____

10. Was hast du über den 5. September in Köln erfahren?

a) Gestalte ein Kalenderblatt für den Tag.
   Tipp: Diese kurzen Sätze könntest du
         unter das Datum schreiben:
   Ronny kommt neu in eine Klasse in Köln.
   Tara ist sehr interessiert an Ronny.
   Sie denkt, Ronny hat ein Geheimnis.
   Sie bittet ihre Freundin Jana um Hilfe.
   Tara erfährt, dass Ronny auch an ihr interessiert ist.

b) Hefte das fertige Kalenderblatt in den Schnellhefter.
   Ordne es zeitlich richtig ein.

Kapitel 3

1 **V**or einigen Monaten in Berlin: 5. Juni
2 Ronnys Gesicht brannte noch von der Ohrfeige
3 seiner Mutter. Sie stritten über den Auszug des Vaters.
4 „Wie konntest du das nur tun?", schrie sie ihn an.
5 Tränen liefen über ihre Wangen.
6 Er presste die Lippen zusammen und blieb stumm.
7 Sie würde ihn sowieso nicht verstehen.
8 Sie hob die Hand und schlug ihn ein weiteres Mal.
9 Sein Kopf flog zur Seite. Ein brennender Schmerz fuhr
10 durch seine Wange. Aber Ronny gab keinen Laut
11 von sich. Ganz langsam drehte er das Gesicht wieder
12 zu seiner Mutter. Er sah Ablehnung in ihren Augen.
13 Das war zu viel für ihn.

14 „Er hatte es verdient", sagte Ronny bitter. „Wir sind ihm
15 doch völlig egal."
16 „Das stimmt nicht", zischte seine Mutter. „Früher …"
17 „Ja, früher hat er uns mal geliebt", unterbrach Ronny sie.
18 „Aber das ist jetzt vorbei. Er hat eine andere Frau!"
19 Seine Mutter verbarg ihr Gesicht in den Händen.
20 „O Gott, was hast du nur getan, Ronny. Jetzt wird er nie
21 wieder zu uns zurückkommen! Wie soll ich das nur
22 schaffen?" Sie schüttelte den Kopf so heftig, dass ihr
23 die strähnigen blonden Haare um das Gesicht flogen.
24 „Was ist nur aus dir geworden, Mam?", fragte Ronny sie
25 verzweifelt. „Sieh doch, was er aus dir gemacht hat!
26 Du bist nicht mehr du selbst. Wann hast du eigentlich
27 das letzte Mal deine Haare gewaschen?"
28 „Was aus mir geworden ist?", rief seine Mutter. „Du hast
29 unsere Familie zerstört. Was ist nur aus *dir* geworden?"
30 Lange Zeit war es still im Wohnzimmer.
31 Ronny dachte an damals. Vor zweieinhalb Jahren hatte
32 alles angefangen. Sein Vater hatte seine Arbeit verloren
33 und zu trinken angefangen. Irgendwann hatte er
34 seine Frau und seinen Sohn geschlagen, wenn er
35 mal wieder betrunken war und Frust hatte.

36 Als Ronny allein in seinem Zimmer war, zog er
37 eine alte Blechkiste unter dem Bett hervor. Darin waren
38 Fotos und – sein Taschenmesser. Während er
39 nachdachte, strich Ronny mit dem Daumen
40 über die Messerklinge.
41 Den kleinen Schnitt spürte er nicht einmal. Er merkte es
42 erst, als ein dunkelroter Tropfen über das Metall rann.

Fortsetzung folgt

**1. Lies noch einmal die Überschrift von Kapitel 3.
Was verrät sie dir? Ergänze die Sätze.**

Hier erfahre ich, was im Monat _____ passiert

ist. Kapitel 3 spielt in der Stadt _____ .

Ich erfahre also mehr über Ronnys Vorgeschichte.

**2. Ronnys Vorgeschichte ist in der Vergangenheit
passiert. Deshalb wird sie in der Vergangenheit
erzählt. Das erkennst du an den Zeitformen
der Verben (Tuwörter). In Kapitel 3 kommen Verben
im Präteritum und im Plusquamperfekt vor.**

a) Lies, wann diese Zeitformen verwendet werden.

> **!** Das **Präteritum** verwendet man, wenn man
> **schriftlich** über etwas berichtet, was schon
> **vergangen** ist, z. B.: Ronnys Gesicht **brannte**
> noch von der Ohrfeige seiner Mutter.

> **!** Das **Plusquamperfekt** verwendet man, wenn man
> ausdrücken will, dass etwas **vor einem zurück-
> liegenden Ereignis geschah**, z. B.:
> Vor zweieinhalb Jahren **hatte** alles **angefangen**.

b) Unterstreiche auf Seite 16:
   – drei Verben im Präteritum blau.
   – drei Verben im Plusquamperfekt rot.

**c) Schreibe die Verben in dein Heft.
Schreibe zu jedem Verb die Grundform auf.**

3. Die Mutter ohrfeigt Ronny wütend.
Was hat sie so wütend gemacht? Kreuze an.

❏ Ronny hat etwas getan, sodass er von der Schule verwiesen wird.

❏ Ronny hat etwas getan, sodass der Vater ausgezogen ist.

❏ Ronny hat nach mehr Taschengeld gefragt.

4. Du hast einiges über den Vater erfahren.
Ergänze passende Satzanfänge.

Zuerst / Danach / Dann / Irgendwann / Jetzt / Nun

_____ hat der Vater seine Arbeit verloren.

_____ hat er angefangen zu trinken.

_____ hat er begonnen, seine Frau und seinen Sohn zu schlagen.

_____ hat er eine neue Frau.

5. Die Mutter und Ronny wurden von dem Vater geschlagen. Aber die Mutter meint, dass Ronny die Familie zerstört hat.
Wodurch wurde die Familie wohl zerstört?
Sprecht in der Klasse darüber.
Begründet eure Meinungen.
Tipp: Die Stichworte in dem Kasten helfen euch.

die Arbeitslosigkeit / die Alkoholprobleme /
die Gewalttätigkeit / die Hilflosigkeit / die Angst

6. Ronny hat ein Taschenmesser versteckt.
Während er nachdenkt, schneidet er sich
mit dem Taschenmesser.
Sprecht in der Klasse über diese Fragen:
– Warum ist Ronny so unvorsichtig?
– Woran hat er wohl gedacht?
Tipp: Die Denkblasen helfen euch.

> Warum ist Mama von Papa so abhängig,
> obwohl er ihr nur noch wehgetan hat?

> Für die beiden ist eine Trennung
> auf jeden Fall besser. Aber jetzt ist
> Mama wütend auf mich.

> Ich bin Mama völlig egal.

7. Was hast du über den 5. Juni in Berlin erfahren?

a) Gestalte ein Kalenderblatt für den Tag.
Überlege mit einem Partner, welche Informationen
wichtig sind. Schreibe sie in kurzen Sätzen
auf das Kalenderblatt.
Tipp: Die Satzanfänge helfen dir.

Die Mutter ohrfeigt … / Der Vater hatte … /
Die Mutter wirft Ronny vor, dass er … / Ronny …

---

b) Hefte das fertige Kalenderblatt in den Schnellhefter.
Ordne es zeitlich richtig ein.

Kapitel 4

1 **J**etzt in Köln: 19. und 20. September
2 Ronny ist mittlerweile seit zwei Wochen
3 in unserer Schule.
4 Wir haben bisher nur wenig miteinander gesprochen.
5 Aber zwischen uns knistert es gewaltig.
6 Leider weiß ich immer noch nicht mehr über ihn.
7 Wenn ich anfange, ihm Fragen zu seiner Vergangenheit
8 zu stellen, weicht er mir aus.
9 Ich muss hartnäckiger sein.
10 Schließlich arbeite ich an der Schülerzeitung mit.
11 Da weiß man, wie man Dinge herausfindet.

12 „Hast du endlich mal deinen Vater nach Ronny gefragt?",
13 nerve ich Jana. Sie seufzt.
14 „Sag bloß, du hast es schon wieder vergessen", zische
15 ich sie an.
16 „Tut mir leid", antwortet sie. „Ich verspreche dir, dass ich
17 es gleich heute Abend mache."

18 Am nächsten Morgen kann ich es kaum erwarten,
19 mit Jana zu sprechen. Ich warte vor der Schule auf sie.
20 In der letzten Minute kommt sie angerannt.
21 „Und?", frage ich sie sofort. „Hast du gestern
22 mit deinem Vater über Ronny geredet?"
23 „Falls er etwas weiß, verrät er es nicht", sagt
24 sie auf dem Weg zum Klassenraum.
25 „Hast du auch ordentlich nachgebohrt?", frage ich.
26 „Mann, jetzt lass uns doch mal wieder über was anderes
27 reden", sagt sie ärgerlich.

28 Kurz nach dem Beginn des Unterrichts kommt Ronny
29 ins Klassenzimmer gehetzt.
30 „Mein Wecker hat den Geist aufgegeben", murmelt er
31 als Entschuldigung. „Und meine Tante hat mich nicht
32 rechtzeitig geweckt." Dann setzt er sich.
33 „Aha, eine neue Information", denke ich. „Er wohnt also
34 bei seiner Tante." In meinem Bauch kribbelt es.
35 Das tut es immer, wenn ich ein interessantes Thema
36 für die Schülerzeitung wittere. Da kommt mir
37 eine geniale Idee. Sofort flüstere ich Tara meinen
38 neuen Plan zu: „Ich befrage ihn für die Schülerzeitung.
39 Ein Interview [Interwju] mit einem neuen Schüler. Das kann
40 er unmöglich ablehnen."

41 Tara sieht mich an und seufzt nur.

42 Gleich in der nächsten Pause frage ich Ronny.

43 Erst zögert er, dann stimmt er zu. Wir verabreden uns

44 für drei Uhr in einem Café.

45 Pünktlich um drei betritt Ronny das Café.

46 Er hat mal wieder seine Sonnenbrille auf. Er wirkt nervös.

47 „Willst du die Sonnenbrille aufbehalten?", frage ich ihn.

48 „Stört es dich?", fragt er.

49 „Ja", antworte ich.

50 „Warum?", will er wissen.

51 Ich denke: „Weil ich ihm in die Augen sehen will. Weil ich

52 sein Geheimnis ergründen will." Aber natürlich kann ich

53 ihm das nicht sagen.

54 „Wie willst du mich sonst in voller Schönheit genießen?",

55 sage ich stattdessen lächelnd.

56 Er grinst und nimmt die Brille ab.

57 „Bereit für unser Gespräch?", frage ich ihn.

58 Er nickt.

59 „Du wohnst also bei deiner Tante? Was ist

60 mit deinen Eltern?", beginne ich.

61 „Meine Mutter ist noch in Berlin …" Er zögert, bevor er

62 weiterspricht. „Mein Vater ist … ähm … fort."

63 „Hat er euch sitzen lassen?", frage ich vorsichtig.

64 Ronny senkt den Blick.

65 „Wie kommt deine Mutter damit klar?", bohre ich weiter.

66 „Überhaupt nicht gut. Deswegen hat sie mich zu meiner

67 Tante geschickt", antwortet er, ohne mich anzuschauen.

68 „Und wie geht es dir damit?", will ich wissen.

69 „Der Abstand tut mir ganz gut", sagt er.

70 „Vermisst du deine Freunde?", frage ich weiter.

71 „Eigentlich nicht", antwortet er leise.

72 Jetzt wirkt er abweisend und nervös. Seine Hand zittert.

73 Seltsam, er ist ganz anders als in der Schule.

74 Normalerweise wickelt er alle mit seiner guten Laune und

75 Selbstsicherheit um den Finger.

76 „Und deine Tante ist in Ordnung?", frage ich ihn.

77 „Sie hat mich bei sich aufgenommen und stellt

78 keine blöden Fragen", fährt er mich ärgerlich an.

79 „Tut mir leid", entschuldige ich mich für meine Neugier.

80 „Ich will keine Entschuldigung von dir", zischt er.

81 „Was willst du dann?", frage ich genervt.

82 „Ich? – Ich habe dich nicht um dieses Treffen gebeten!",

83 schreit er mich jetzt fast an.

84 Ich ärgere mich darüber.

85 „Was ist eigentlich los mit dir? Was ist dein Problem?",

86 frage ich wütend.

87 „Finde es doch selbst heraus!", ruft er. Dann setzt er

88 seine Sonnenbrille auf und verlässt das Café.

89 Als ich zu Hause meine Tasche ausräume, fällt ein Zettel

90 aus meinem Biobuch. Darauf steht:

91 *„Halte dich von Ronny fern, sonst wird es dir schlecht ergehen."*

92 Eine Warnung? Aber von wem? Egal, wer den Zettel

93 geschrieben hat, ich gebe jetzt sicher nicht auf!

Fortsetzung folgt

1. In Kapitel 4 erfahren wir wieder, wie es mit Ronny
   in Köln weitergeht. Sprecht mit eurer Lehrerin oder
   eurem Lehrer über diese Fragen:
   – Wer erzählt euch in den Köln-Kapiteln, was
     passiert?
   – Woran erkennt ihr, wer erzählt?
   – In welcher Zeitform stehen hier die meisten Verben?

2. Ronny geht seit zwei Wochen in Taras Klasse.
   Wie ist ihr Verhältnis zueinander? Kreuze an.

   ❏ Sie reden kaum miteinander.
   ❏ Sie sind ständig zusammen.
   ❏ Sie können sich nicht leiden.

3. Zwischen Tara und Ronny knistert es.
   Was ist damit gemeint?
   Schreibe es in eigenen Worten auf.
   Berate dich mit einem Partner.

   _____

   _____

4. Tara ist über Jana verärgert. Warum? Kreuze an.

   ❏ Jana hat keine Zeit für Tara.
   ❏ Jana hat vergessen, ihren Vater
     nach Ronny zu fragen.
   ❏ Jana möchte ihren Vater nicht
     nach Ronny fragen.

5. Ronny kommt zu spät zum Unterricht.
   Als er sich bei der Lehrerin entschuldigt, erfährt Tara
   etwas Neues über ihn.
   Unterstreiche die neue Information auf Seite 21.

6. Tara hat eine Idee, wie sie mehr über Ronny erfahren
   könnte. Sie möchte für die Schülerzeitung
   ein Interview mit ihm machen. Was bedeutet das?
   Verbinde mit dem richtigen Satzende.

	muss eine Person einen Fragebogen ausfüllen.
In einem Interview	wird eine Person mehrmals für die Zeitung fotografiert.
	wird eine Person befragt.

7. Ronny und Tara treffen sich für das Interview.
   Lest die Szene mit verteilten Rollen.

So geht ihr vor:
   – Bildet Zweiergruppen.
   – Lest die Szene auf den Seiten 22 und 23 mehrere Male
     leise.
   – Entscheidet, wer welche Rolle liest.
   – Überlegt, was Tara und Ronny jeweils fühlen.
   – Unterstreicht die wörtliche Rede farbig.
   – Lest die Szene mit verteilten Rollen.
     Achtet beim Lesen auf die Betonung.

8. Das Interview ist nicht besonders gut gelaufen. Warum nicht? Ergänze die Sätze.

Ronny findet Tara zu _____.

neugierig / eingebildet / albern

Außerdem möchte er nichts

_____.

trinken / über sich verraten / falsch machen

9. Zu Hause findet Tara diesen Zettel mit einer Warnung in ihrer Tasche:

> Halte dich von Ronny fern, sonst wird es dir schlecht ergehen.

a) Wer könnte den Zettel wohl geschrieben haben? Überlege mit einem Partner.

b) Schreibe die Vermutung, die du am wahrscheinlichsten findest, auf die Linien. Begründe sie.

_____

_____

10. Was hast du über den 19. September in Köln erfahren? Und was über den 20. September in Köln?

a) Gestalte für jeden Tag ein eigenes Kalenderblatt. Überlege mit einem Partner, welche Informationen jeweils wichtig sind. Schreibe sie in kurzen Sätzen auf jedes Kalenderblatt.

b) Hefte die fertigen Kalenderblätter in den Schnellhefter. Ordne sie zeitlich richtig ein.

Kapitel 5

1 **V**or einigen Monaten in Berlin: 1. Mai
2 Es war warm und sonnig. Das perfekte Wetter
3 für einen Ausflug am Feiertag. Ronnys Mutter hatte alles
4 für ein Picknick mit der Familie im Tiergarten vorbereitet.
5 Aber Ronnys Vater holte sich schon zum Frühstück
6 das erste Bier aus dem Kühlschrank.
7 Bis zum Nachmittag war er betrunken.
8 Ronnys Mutter war wütend.

9 „Du hattest es versprochen!", rief sie immer wieder. Dann

10 warf sie ihm den Korb mit dem Essen vor

11 die Füße. Ronny wusste, was jetzt kommen würde.

12 Sein Vater schlug wieder einmal zu. Er schlug

13 die Mutter und brüllte: „Wie kannst du es wagen?"

14 „Lass sie in Ruhe!", rief Ronny. Er stellte sich zwischen

15 seine Eltern und blickte seinen Vater voller Wut an.

16 Da traf auch ihn ein Schlag ins Gesicht, dann einer

17 vor die Brust. Ein stechender Schmerz jagte ihm

18 durch den Brustkorb. Sein Vater hob wieder die Fäuste.

19 Ronny wollte vor seinem Vater aber nicht heulen oder ihn

20 anflehen aufzuhören. Er presste die Augenlider und

21 seine Lippen fest zusammen und wartete

22 auf weitere Schläge. Doch es kamen keine.

23 Langsam öffnete Ronny seine Augen wieder.

24 Der Vater war fort. Wahrscheinlich war er

25 ins Schlafzimmer gegangen, um seinen Rausch

26 auszuschlafen.

27 Ronny half seiner Mutter in einen Sessel.

28 „Soll ich dir was bringen?", fragte er.

29 Sie antwortete nicht. Er konnte nichts für sie tun.

30 Er wollte jetzt nur noch raus aus der Wohnung.

31 Draußen schien die Sonne. Endlich konnte Ronny

32 durchatmen. Ohne Ziel lief er durch die Straßen.

33 Viele Leute waren bei dem schönen Wetter unterwegs.

34 Fast alle trugen eine Sonnenbrille.

35 Man konnte ihre Augen nicht sehen.

36 „Das ist gut", überlegte sich Ronny. „Ich brauche auch

37 eine Sonnenbrille. Augen verraten viel zu viel

38 über einen Menschen."

39 Er kam zum Bahnhof. Dort gab es einen Laden, der auch
40 Sonnenbrillen hatte. Ronny ließ sich eine Sonnenbrille
41 zeigen. Die Sonnenbrille gefiel Ronny. Er schaute
42 auf das Preisschild. Sie war viel zu teuer. Da klingelte
43 ein Telefon in einem hinteren Raum.
44 „Ich bin gleich wieder da", sagte die Verkäuferin und ging
45 nach hinten.
46 Ohne zu überlegen, lief Ronny aus dem Laden.
47 Sein Herz raste, sein ganzer Körper kribbelte.
48 Aber niemand rief ihm etwas hinterher oder verfolgte ihn.
49 Er warf das Preisschild fort und setzte die Sonnenbrille
50 auf. Und dann war er auch schon um die nächste Ecke
51 verschwunden.
52 Langsam spazierte er durch den Tiergarten.
53 Plötzlich spürte Ronny ein leichtes Ziehen
54 an seiner hinteren Hosentasche. Jemand versuchte,
55 seinen Geldbeutel zu stehlen. Blitzschnell drehte sich
56 Ronny um und packte den Kerl am Handgelenk.
57 „Was soll das?", brüllte Ronny ihn voller Wut an.
58 Dann holte er auch schon aus und verpasste dem Typen
59 einen Schlag vor die Brust.
60 „Spinnst du?", schrie der Typ und taumelte zu Boden.
61 „Du wolltest mich beklauen!", rief Ronny.
62 Plötzlich kamen zwei junge Männer dazu.
63 Ohne zu zögern, trat der eine nach dem Typen
64 am Boden.
65 „Hey, das reicht jetzt", sagte Ronny.
66 „Der hat nichts Besseres verdient. Ich bin übrigens Frank
67 und das da ist Pedro", stellte er sich und seinen Freund
68 grinsend vor.

Fortsetzung folgt

1. Ronnys Mutter möchte am 1. Mai ein Picknick mit ihrer Familie machen.
Was für ein Tag ist der 1. Mai? Kreuze an.

❏ ein Ferientag   ❏ ein Feiertag

2. Warum wird aus den Picknick-Plänen der Mutter nichts? Ergänze den Satz.

Ronnys Vater ist _____ .

3. Ronnys Mutter wirft ihrem Mann den Picknick-Korb vor die Füße. Wie fühlt sie sich wohl?
Markiere die passenden Adjektive (Wiewörter).

wütend   gleichgültig   verzweifelt
enttäuscht   fröhlich   traurig

4. Der Vater reagiert mit Gewalt.
Was passiert nacheinander?
Nummeriere die Sätze in der richtigen Reihenfolge.
Tipp: Lies noch einmal Seite 28.

☐ Der Vater verlässt den Raum.

☐ Ronnys Vater schlägt seine Frau.

☐ Ronny schlägt nicht zurück.

☐ Ronny stellt sich zwischen die Eltern, um seine Mutter vor weiteren Schlägen zu schützen.

☐ Ronny hilft seiner Mutter in einen Sessel.

☐ Der Vater schlägt jetzt auch Ronny.

5. **Wie fühlt sich Ronny wohl, als der Vater ihn schlägt?**
Die Silben der Wörter sind durcheinandergeraten.
Schreibe jedes Wort richtig auf die Linie.

nie er drigt   _____

de ge tigt mü   _____

6. **Die Familie leidet unter dem gewalttätigen Vater.**
Lies den folgenden Sachtext
über „häusliche Gewalt".

> Häusliche Gewalt
>
> 1 Gewalt zwischen Menschen, die in einem Haushalt
> 2 zusammenleben, nennt man **„häusliche Gewalt"**.
> 3 Dabei kann es sich
> 4 um **Gewalt von Erwachsenen oder von Kindern**
> 5 **gegen Erwachsene oder gegen Kinder** handeln.
> 6 Jede Form von häuslicher Gewalt ist **verboten** und
> 7 **strafbar**.

7. **Was hast du im Sachtext erfahren?**
Ergänze die Sätze.

Gewalt zwischen Menschen, die in einem Haushalt

zusammenleben, nennt man „_____

_____". Jede Form von häuslicher Gewalt

ist _____ und _____ .

8. Betroffene von häuslicher Gewalt brauchen Hilfe.
Lies den Sachtext über „Hilfe bei häuslicher Gewalt".

> Hilfe bei häuslicher Gewalt
>
> 1 Diese Behörden und Beratungsstellen helfen
> 2 zum Beispiel bei häuslicher Gewalt:
> 3 — Polizei: Die Polizei ist unter der Notruf-Nummer 110
> 4 erreichbar.
> 5 — Erziehungs- und Familienberatungsstellen:
> 6 Auf der Internetseite **www.bke.de** gibt es auch
> 7 eine Online-Beratung für Kinder und Erwachsene.
> 8 — Jugendämter: Das Jugendamt ist eine öffentliche
> 9 Behörde der Stadt- oder Landkreisverwaltung und
> 10 soll Kinder und Jugendliche vor Gefahren
> 11 für ihr Wohl schützen.
> 12 — Frauenhäuser: Hier können Frauen
> 13 mit ihren Kindern Schutz suchen.
> 14 — Nummer gegen Kummer: Kinder in Not können
> 15 unter der Telefon-Nummer 0800 / 1 11 03 33
> 16 Rat suchen.

9. Was hast du im Sachtext erfahren?
Unterstreiche wichtige Informationen.

10. Was können die einzelnen Familienmitglieder tun,
um die Gewalt in der Familie zu vermeiden?
Sammelt Stichworte an der Tafel.

11. Ronny möchte seine Augen hinter einer Sonnenbrille verstecken. Warum? Unterstreiche auf Seite 28.

12. Was passiert im Bahnhofsladen?
Ergänze die fehlenden Verbformen.

Ronny _____ eine Sonnenbrille.

Das _____ eine Straftat.

Aber er wird nicht _____ .

13. Was ist der Tiergarten in Berlin?
Informiere dich im Internet oder in einem Lexikon.

14. Was passiert im Tiergarten?

a) Fasst es mündlich zusammen.

b) Sprecht über diese Fragen:
   – Warum darf man in keinem Fall Gewalt ausüben?
   – Warum ist es besonders brutal und abscheulich, was Frank tut?

15. Was hast du über den 1. Mai in Berlin erfahren?

a) Gestalte ein Kalenderblatt für den Tag. Überlege mit einem Partner, welche Informationen wichtig sind. Schreibe sie in kurzen Sätzen auf das Kalenderblatt. Lasst unten noch Platz frei.

b) Hefte das fertige Kalenderblatt in den Schnellhefter. Ordne es zeitlich richtig ein.

Kapitel 6

1 **Jetzt in Köln: 21. September**
2 Am Abend zuvor hatte ich im Computer meines Vaters
3 „Ronny Lessing" bei Google [Gugl] eingegeben.
4 Aber trotz vieler Treffer war kein Hinweis
5 auf „meinen" Ronny dabei.
6 „Neuer Tag, neues Glück", denke ich jetzt. Ich muss
7 unbedingt herausfinden, was mit Ronny los ist.
8 In der Schulpause lasse ich ihn keine Sekunde
9 aus den Augen. Jana ist schon völlig genervt.
10 Dann überlege ich, dass ich ihn auch außerhalb
11 der Schule beobachten muss, um seinem Geheimnis
12 auf die Spur zu kommen. Ich verfolge ihn
13 nach der Schule bis nach Hause.

14 Ronny und seine Tante wohnen in einem alten Haus
15 mit sechs Stockwerken. In der Nähe des Hauses setze
16 ich mich auf eine Bank und warte, ob Ronny das Haus
17 wieder verlässt. Die Sonne scheint. Aber meine Laune
18 bessert das nicht. Nach einer Stunde will ich gerade
19 aufgeben, da sehe ich Ronny aus dem Haus kommen.
20 Er geht zur Stadtbahn-Haltestelle und steigt
21 in die nächste Bahn. Heimlich folge ich ihm.
22 Er hat wieder dieses coole und anziehende Lächeln
23 im Gesicht und seine Sonnenbrille auf. Alle Menschen
24 lächeln zurück.
25 An der Station „Heumarkt" steigt Ronny aus. Er geht
26 zum Rheinufer. Mit etwas Abstand gehe ich ihm
27 hinterher. Auf einmal bleibt Ronny stehen. Dann setzt er
28 sich auf die Mauer direkt am Fluss und schaut
29 einem Motorboot nach. Kurz darauf greift er
30 in seine Hosentasche. Er hält ein Taschenmesser
31 in der Hand. Es glänzt silbrig in der Sonne. Jetzt holt er
32 weit aus und schleudert es in hohem Bogen in den Rhein.
33 „Was soll denn das?", denke ich. Ich stelle mir vor, wie
34 Ronny mit dem Messer eine Oma bedroht und
35 ihre Handtasche klaut. Schnell schüttele ich den Kopf
36 und vertreibe diesen blöden Gedanken.
37 So etwas würde „mein" Ronny niemals tun. Aber kann ich
38 mir da so sicher sein? Ich schaue noch mal zu ihm
39 hinüber. Er sieht einsam und traurig aus.
40 In meinem Bauch kribbelt es. Ich habe Mitleid mit ihm.
41 Und ich fühle noch etwas anderes. Plötzlich weiß ich es:
42 Ich bin in Ronny verliebt! Und es ist mir ganz egal,
43 was er getan hat.

Fortsetzung folgt

1. **Tara versucht, mit Hilfe von Google mehr über Ronny herauszufinden. Was ist Google eigentlich? Ergänze die Wörter aus dem Kasten.**

> Informationen / Computer-Programm /
> Suchmaschinen / Internet

Google ist ein _____,

mit dem man im _____

nach _____ suchen kann.

Es gibt auch andere _____,

zum Beispiel Yahoo.

2. **Tara findet im Internet keine Informationen über Ronny.**

a) **Welchen Plan hat sie jetzt? Schreibe auf die Linien. Tipp: Lies noch einmal Seite 34.**

_____

_____

b) **Wie findest du Taras Plan? Sprich mit einem Partner darüber.**

c) **Begründe deine Meinung.**

Ich finde Taras Plan _____, weil _____

_____.

3. Tara folgt Ronny heimlich zum Ufer eines Flusses.
An welchem Fluss liegt die Stadt Köln?
Kreuze an.

❏ an der Spree   ❏ an der Mosel   ❏ am Rhein

4. Tara beobachtet Ronny.
Er wirft ein Taschenmesser in den Fluss.
Tara weiß zuerst nicht, was sie davon halten soll.
Was erfährst du noch über Taras Gedanken und
Gefühle?
Streiche die falschen Wörter durch.

Tara befürchtet einen Moment lang, dass Ronny
jemanden **überfallen / belogen** hat. Doch dann ist sie
sich **unsicher / sicher**, dass Ronny so etwas nicht tun
würde. Sie hat plötzlich Mitleid mit Ronny, weil er
so **traurig / glücklich** aussieht. Und sie spürt, dass
sie sich in **ihm getäuscht / ihn verliebt** hat.

5. Was denkt ihr, warum Ronny das Messer fortwirft?
Stellt Vermutungen in der Klasse an.

6. Was hast du über den 21. September in Köln
erfahren?

a) Gestalte ein Kalenderblatt für den Tag.
Überlege mit einem Partner, welche Informationen
wichtig sind. Schreibe sie in kurzen Sätzen
auf das Kalenderblatt.

b) Hefte das fertige Kalenderblatt in den Schnellhefter.
Ordne es zeitlich richtig ein.

Kapitel 7

1 **V**or einigen Monaten in Berlin: 1. und 2. Mai

2 Ronny hatte Frank und Pedro zum Bier eingeladen.

3 Zu dritt waren sie in einen Kiosk in der Nähe gegangen

4 und hatten zwei Sixpacks [Sixpäcks] gekauft. Als sie

5 in den Park zurückkamen, suchten sie sich eine Bank.

6 Ronny verteilte die Bierdosen.

7 „Was ist mit deinem Gesicht passiert, Kumpel?",

8 wollte Frank von Ronny wissen. „Eine Schlägerei?"

9 Ronnys Wange war nach dem Schlag seines Vaters
10 angeschwollen.
11 „Ja, genau, eine Schlägerei", sagte er. „Was macht ihr
12 beide denn so?", fragte er schnell.
13 „Pedro macht eine Ausbildung zum Automechaniker und
14 ich arbeite bei meinem Alten. Der hat eine Umzugsfirma",
15 sagte Frank. „Und du?"
16 „Schule", sagte Ronny. „Wenn ich damit fertig bin, haue
17 ich von hier ab. Ich will woanders neu anfangen."

18 Frank redete nach dem vierten Bier wie ein Wasserfall.
19 Er sagte, dass seine Familie ihn nervt. Sie würden ihm
20 keinen Spaß im Leben gönnen.
21 „Aber den Pennern stopft meine Mutter
22 das hart verdiente Geld meines Vaters in den Rachen",
23 schimpfte er. „Braucht nur einer zu klingeln, schon holt
24 sie ihren Geldbeutel. Mir kaufen meine Eltern nicht mal
25 ein Auto. Wenn bei mir mal so einer klingelt, der soll
26 bloß aufpassen!"
27 Irgendwann holte Frank vom Kiosk noch zwei Sixpacks.
28 Ronny fühlte sich gut, ihm gefiel es, in der Sonne
29 zu sitzen und Bier zu trinken. Außerdem hatte er Freunde
30 zum Rumhängen gefunden, die genauso unzufrieden
31 mit allem anderen waren wie er.
32 Langsam wurde es dunkel. Ronnys Handy klingelte
33 ein paar Mal. Immer war es die Nummer seiner Mutter.
34 Er ging nicht ran.

35 Es war schon heller Tag, als Ronny am nächsten Morgen
36 im Park erwachte. Schnell setzte er sich auf.
37 Ein pochender Schmerz schoss durch seinen Kopf.

38 Mist! Die vielen Bierdosen fielen ihm wieder ein. Und sie
39 waren die ganze Nacht hier draußen gewesen. Das gab
40 sicher Ärger mit seiner Mutter.
41 Ein paar Meter entfernt lagen Pedro und Frank im Gras.
42 Sie schnarchten. Ronny schüttelte sie aufgeregt und rief:
43 „He, wir waren die ganze Nacht hier draußen!"
44 „Na und?", brummte Frank. „Wie viel Uhr ist es denn?"
45 Ronny schaute auf seine Armbanduhr.
46 „Mist! Gleich Viertel vor acht! Zur ersten Stunde schaffe
47 ich es nicht mehr", sagte Ronny.
48 „Shit", fluchte Frank. „Ich sollte um sieben
49 bei einem Kunden sein." Er rappelte sich auf.
50 Dann fummelte er eine Visitenkarte aus seiner Jacke.
51 „Das ist der Laden von meinem Vater", sagte er
52 zu Ronny. „Melde dich mal, wenn du Lust hast!"
53 Frank schwankte davon. Ronny drehte sich zu Pedro um.
54 „Ich komm klar", murmelte Pedro. „Hau schon ab!"
55 Ronny zuckte mit den Schultern und machte sich
56 auf den Heimweg. Sein Kopf dröhnte bei jedem Schritt.

57 „Wo warst du die ganze Nacht?", rief seine Mutter, als er
58 nach Hause kam. „Ich habe mir Sorgen gemacht."
59 Auf ihrer Wange war ein dunkelblauer Fleck, er erinnerte
60 an die Schläge des Vaters.
61 „Ich war mit Freunden unterwegs", murmelte Ronny und
62 wollte an ihr vorbei ins Bad.
63 „Du stinkst nach Bier", sagte seine Mutter. „Genau wie ..."
64 Sie begann zu weinen.
65 Ronny ließ sie stehen und ging ins Bad. Kurz danach
66 verließ er mit seinen Schulsachen die Wohnung.

Fortsetzung folgt

1. **Weißt du noch, was im Park passiert ist, bevor Ronny,**
   Frank und Pedro zusammen zum Kiosk gehen?
   Erzähle es einem Partner.
   Tipp: Du kannst das Kalenderblatt vom 1. Mai
   zur Hilfe nehmen.

2. **Der Typ, den Ronny geschlagen und den Frank**
   getreten hat, ist anscheinend nicht zur Polizei
   gegangen. Warum wohl nicht?
   Kreuze die Antwort an, die du passend findest.
   Du kannst auch eine eigene Antwort aufschreiben.

   ❏ Es gab keine Polizeistation in der Nähe.
   ❏ Die Polizei hätte ihn gefragt, wie es zu dem Streit
   kam. Dann hätte er gestehen müssen, dass er
   den Geldbeutel stehlen wollte. Das wollte er wohl
   nicht.
   ❏ Er hatte Schmerzen und wollte nur noch schnell
   nach Hause.

   _____

   _____

3. **Ronny, Frank und Pedro verbringen**
   den ganzen Nachmittag bis zum nächsten Morgen
   zusammen.
   Was tun sie? Ergänze passende Verben.

   Ronny, Frank und Pedro _____ in der Sonne.

   Sie _____ sich und _____ Bier.

4. Was erfährst du über die drei?
   Ergänze die fehlenden Namen.

_____ arbeitet

in der Umzugsfirma seines Vaters mit.

_____ macht eine Ausbildung

zum Automechaniker.

_____ will nach der Schule

woanders neu anfangen.

5. Frank fällt Ronnys angeschwollene Wange auf.
   Da spricht Ronny schnell ein anderes Thema an.
   Warum erzählt er wohl nicht, dass sein Vater
   ihn geschlagen hat?
   Verbinde Ronny mit den passenden Sätzen.

Es ist ihm unangenehm.	Es ist ihm peinlich.

Es ist ihm nicht wichtig.	Er denkt nicht daran.

Er schämt sich.

6. Frank nennt Obdachlose abwertend „Penner".

a) Lies, welche Bedeutung das Nomen **der Penner** hat.

b) Unterstreiche wichtige Informationen.

> 1 Das Nomen **der Penner** ist mit dem Verb **pennen**
> 2 verwandt. Das Verb **pennen** bedeutet:
> 3 schlafen, viel schlafen, nicht aufpassen.
> 4 Ein Penner ist also jemand, der viel schläft.
> 5 Das Nomen **der Penner** wird auch abwertend
> 6 als Schimpfwort für obdachlose Menschen benutzt.

7. Frank spricht über sich und seine Familie.

a) Was sagt er? Unterstreiche auf Seite 39.

b) Sprich über diese Fragen mit einem Partner:
   – Wie alt ist Frank wohl?
     Tipp: Seht euch das Bild auf Seite 38 an.
   – Was macht ihn wohl so unzufrieden?

c) Sprecht in der Klasse über diese Fragen:
   – Warum spricht Frank abwertend über Menschen,
     die schwächer sind als er?
   – Warum löst Gewalt die Probleme nicht?
   – Was kann Frank verändern, damit er zufrieden wird?

8. Frank sagt, Ronny soll sich mal bei ihm melden.
   Was rätst du Ronny?
   Sprich mit einem Partner darüber.

9. **Die Mutter riecht den Alkohol an Ronny.**

a) **Was will sie wohl sagen?**
   Ergänze den Satz, den sie beginnt.

   „Du stinkst nach Bier. Genau wie _____."

b) **Wie fühlt sich Ronny jetzt?**
   Markiere die passenden Adjektive.

   neugierig   verlegen

   beschämt   gleichgültig

10. **Wie reagiert Ronny auf die Vorwürfe und Tränen seiner Mutter? Kreuze an.**

   ❏ Er umarmt sie und entschuldigt sich.
   ❏ Er verlässt wortlos die Wohnung.
   ❏ Er schreit sie an, dass sie an allem schuld ist.

11. **Was hast du über den 1. Mai in Berlin noch erfahren?**
    Ergänze dein Kalenderblatt im Schnellhefter.

12. **Was hast du über den 2. Mai in Berlin erfahren?**

a) **Gestalte ein Kalenderblatt für den Tag.**
   Überlege mit einem Partner, welche Informationen wichtig sind. Schreibe sie auf das Kalenderblatt.

b) **Hefte dein fertiges Kalenderblatt in den Schnellhefter.**
   Ordne es zeitlich richtig ein.

Kapitel 8

1 **Jetzt in Köln: 22. und 23. September**

2 Ronny behandelt mich immer noch wie Luft. Ich denke oft

3 an das Taschenmesser. Warum hat er es in den Fluss

4 geworfen? Hat er etwas Schlimmes getan?

5 Im Sportunterricht spielen wir heute Basketball, Jungen

6 gegen Mädchen. Ronny ist ziemlich gut. Immer wieder

7 weicht er mir geschickt aus. Plötzlich saust der Ball direkt

8 über meinen Kopf hinweg.

9 Ronny streckt die Arme aus und springt hoch. Ich sehe
10 seinen Unterarm. Es sind auf seiner Haut lauter Narben
11 zu erkennen. Woher hat er die bloß?

12 Jana möchte an diesem Nachmittag mit mir shoppen
13 gehen. Ich lasse sie wieder mal abblitzen.
14 „Mein Vater will einen Vater-Tochter-Tag mit mir machen.
15 Er hat sich extra frei genommen", lüge ich.
16 In Wahrheit will ich wieder Ronny beobachten.
17 Das erzähle ich ihr aber besser nicht. Jana ist sowieso
18 schon genervt, weil ich immer nur von Ronny rede.

19 Nach der Schule verfolge ich ihn bis in ein Musikgeschäft.
20 Plötzlich dreht er sich um. Blitzschnell verstecke ich mich
21 zwischen den Regalen. Dabei stoße ich aus Versehen
22 gegen einen CD-Ständer. Es fallen laut scheppernd
23 mehrere CDs heraus. Mist! Jetzt entdeckt er mich
24 natürlich. Er kommt langsam auf mich zu.
25 „Verfolgst du mich?", knurrt er mich an.
26 „Nein, ich wollte nur …", stottere ich und stecke die CDs
27 in das Regal zurück.
28 Er macht noch einen Schritt auf mich zu.
29 „Warum lässt du mich nicht einfach in Ruhe?"
30 Seine Stimme klingt bedrohlich.
31 Jetzt weiß ich nicht mehr, was ich tun soll.
32 Ich drehe mich um und renne einfach aus dem Laden.
33 „Wir sind noch nicht miteinander fertig!", brüllt er mir
34 hinterher.
35 Zu Hause muss ich immer noch an Ronny denken.
36 Sein Blick war voller Wut. Oder war es Furcht?
37 Am nächsten Tag fragt Jana: „Was ist denn mit dir los?"

38 „Schlecht geschlafen", brumme ich. Das sieht man
39 wahrscheinlich sofort.
40 In diesem Augenblick stapft Ronny auf mich zu.
41 Er zieht sich die Sonnenbrille von der Nase und sieht
42 mich wütend an.
43 „Was sollte das gestern?", zischt er. „Hör auf, mich
44 zu verfolgen. Ich bin nicht blöd. Ich hab dich auch
45 letztes Mal schon gesehen."
46 Ich überlege, ob ich lügen soll. Sein Blick hält mich
47 davon ab. Er weiß sowieso die Wahrheit. Aber er sieht
48 nicht nur zornig aus. Er kommt mir auch verletzlich vor.
49 „Lass uns woanders darüber reden", bitte ich ihn.
50 „Warum?", brüllt er los. „Sollen die anderen etwa nicht
51 erfahren, wie hinterhältig du bist?"
52 Dann spricht er zum Glück wieder leiser. „Ich habe dich
53 gemocht. Aber du willst nur einen tollen Artikel
54 für deine Schülerzeitung. Eine fette Schlagzeile:
55 Der Neue hat Dreck am Stecken!"
56 Jetzt werde auch ich wütend.
57 „Du hast im Café doch gesagt, ich soll es selbst
58 herausfinden", zische ich zurück. „Du hättest es mir auch
59 einfach erzählen können."
60 Er starrt mich an.
61 „Sag mal, spinnst du?", ruft er. „Ich muss doch nicht
62 mit dir über meine Probleme quatschen. Das entscheide
63 ich immer noch selbst!"
64 Er schüttelt den Kopf und fährt fort:
65 „Mein Vertrauen muss man sich erst verdienen. Dann
66 rede ich auch richtig mit jemandem. Aber zu dir habe ich
67 kein Vertrauen mehr."
68 Er setzt seine Sonnenbrille wieder auf.

69 „Ich dachte, du bist anders", murmelt er enttäuscht und
70 geht.
71 „Ich komme schon noch hinter dein Geheimnis!", rufe ich
72 ihm hinterher und Tränen laufen mir über das Gesicht.
73 „Und dann erfahren es alle!"
74 Heulend renne ich ins Mädchenklo. Jana kommt hinter
75 mir her. Sie hält immer zu mir. Obwohl ich sie
76 angelogen habe, nimmt sie mich jetzt in den Arm.
77 „Komm, wir müssen reden", sagt sie.

78 Kurze Zeit später sitzen wir in einem Café
79 vor einem großen Kakao mit Sahne.
80 „Du solltest Ronny lieber in Ruhe lassen", sagt Jana
81 vorsichtig. „Du weißt doch nichts über ihn. Vielleicht ist er
82 ja durchgeknallt."
83 „Ich glaube, er hat einfach eine schwere Zeit hinter sich",
84 antworte ich. „Ich kann und will ihn nicht aufgeben.
85 Ich gebe nie auf."
86 „Ich weiß", sagt Jana und seufzt. „Aber dann geh ihm
87 eine Weile aus dem Weg. Er muss sich erst mal
88 beruhigen."

Fortsetzung folgt

1. In der Schule haben Ronny und Tara gemeinsamen
   Sportunterricht. Was entdeckt Tara zufällig?
   Ergänze den Satz.
   Tipp: Lies noch einmal Seite 46.

   Ronny hat lauter _____

   an seinem Unterarm.

2. Tara fragt sich, woher er die bloß hat.
   Was vermutet ihr? Sprecht in der Klasse darüber.
   Begründet eure Vermutungen.

3. Jana möchte mit Tara shoppen gehen.
   Aber Tara lässt Jana wieder mal abblitzen.

a) Was bedeutet das? Kreuze an.

   ❏ Sie verabredet sich nicht mit Jana.
   ❏ Sie sagt freudig zu.

b) Wie fühlt sich Jana wohl, als Tara wieder einmal
   keine Zeit für sie hat?
   Schreibe drei passende Adjektive auf die Linie.
   Tipp: Auf Seite 46 findest du schon eins.

   _____

c) Tara sagt, dass ihr Vater etwas mit ihr unternehmen
   möchte. Das ist gelogen.
   Warum sagt Tara nicht die Wahrheit?
   Sprich mit einem Partner darüber.

4. Tara verfolgt Ronny bis in ein Musikgeschäft.
Ergänze die Sätze.

Ronny bemerkt, dass Tara ihn _____ .

Er sieht sie _____ . Tara fühlt sich plötzlich

von Ronny _____ .

Sie rennt _____ .

5. Am nächsten Morgen stellt Ronny Tara zur Rede.
Die beiden geraten in einen Streit.
Wer sagt was?

a) Unterstreiche auf den Seiten 47 und 48:
   – blau, was Ronny sagt.
   – rot, was Tara sagt.

b) Lies die Szene mit einem Partner.
   Achtet beim Lesen auf die Betonung.

6. Ronny sieht schon diese Schlagzeile über sich
in der Schülerzeitung:
„Der Neue hat Dreck am Stecken."
„Jemand hat Dreck am Stecken" ist
eine Redewendung. Was bedeutet sie?
Schreibe mit eigenen Worten auf die Linien.

Jemand hat _____

_____ .

7. **Ronny und Tara mögen sich.**
   Aber sie geraten immer wieder in Streit.
   Welche Gründe gibt es dafür? Schreibe auf die Linien.
   Tipp: Die Wortgruppen im Kasten helfen dir.

   ---
   kennen sich zu wenig / enttäuscht voneinander /
   nicht genug Vertrauen zueinander /
   ein Missverständnis / nicht ehrlich miteinander

   _____

   _____

   _____

8. **Jana und Tara gehen Kakao trinken.**
   Was besprechen sie? Kreuze an.

   ❑ Tara sagt, dass sie Ronny vergessen will.
   ❑ Tara sagt, dass sie Ronny nicht aufgeben will.
   ❑ Jana rät Tara, Ronny eine Weile aus dem Weg
   zu gehen.
   ❑ Jana rät Tara, sich bei Ronny zu entschuldigen.

9. **Was hast du über den 22. September in Köln**
   erfahren? Und was über den 23. September in Köln?

a) **Gestalte für jeden Tag ein eigenes Kalenderblatt.**
   Überlege mit einem Partner, welche Informationen
   jeweils wichtig sind. Schreibe sie in kurzen Sätzen
   auf das Kalenderblatt.

b) **Hefte die fertigen Kalenderblätter**
   in den Schnellhefter. Ordne sie zeitlich richtig ein.

Kapitel 9

1 **V**or einigen Monaten in Berlin: 13. Mai

2 Es war Muttertag. Obwohl schon der 1. Mai

3 in einer Katastrophe geendet hatte, gab Ronnys Mutter

4 die Hoffnung auf einen friedlichen Muttertag auch

5 dieses Jahr nicht auf.

6 „Lass uns doch mal etwas Schönes mit Ronny

7 zusammen unternehmen", hatte sie vorgeschlagen.

8 „Ja, ja", hatte Ronnys Vater wie jedes Jahr gesagt.

9 Und wie jedes Jahr saß der Vater dann am Mittag schon

10 angetrunken vor dem Fernseher.

11 Als die Mutter zum Mittagessen rief, antwortete er:

12 „Ich kann hier nicht weg. Es läuft gerade ein wichtiges

13 Fußballspiel." Dann rief er: „Bring mir ein Bier!"

14 Ronny, der schon am gedeckten Tisch saß,

15 schaute die Mutter an. Es war keine Regung

16 in ihrem Gesicht zu sehen. Doch auf einmal riss sie

17 die Tischdecke mit einem Ruck herunter. Teller, Gläser,

18 Besteck und Braten flogen mit lautem Geschepper

19 zu Boden. Scherben, dampfende Kartoffeln und

20 Bratensoße verteilten sich über den Boden.

21 „Was soll das?", schrie Ronnys Vater.

22 Sein Gesicht war vor Wut verzerrt und dunkelrot.

23 „Bist du völlig übergeschnappt? Was soll

24 diese Sauerei?" Er schwankte beim Gehen leicht.

25 Jetzt weinte Ronnys Mutter.

26 Ronny wollte in sein Zimmer. Aber sein Vater hielt ihn

27 am Arm zurück. „Warum hast du das nicht verhindert?",

28 schrie er und schlug Ronny ins Gesicht. „Du bist zu

29 gar nichts zu gebrauchen, du Versager!"

30 Da schlug Ronny zurück. Es war einfach passiert. Ronny

31 hatte sich zum ersten Mal gewehrt.

32 Sein Vater starrte ihn an. Er konnte es nicht fassen.

33 Er fühlte an seiner Lippe. „Das ist Blut", murmelte er.

34 „Was hast du getan?", rief seine Mutter verzweifelt.

35 Ronny wollte nur noch, dass das alles zu Ende war. Er

36 wollte Erlösung für sich und seine Mutter. Er wollte frei

37 sein. „Sie muss endlich die Wahrheit erfahren", dachte

38 Ronny.

39 „Papa betrügt dich!", platzte er heraus. „Ich habe ihn

40 mit einer anderen Frau gesehen! Und er hat diese Frau

41 geküsst."

42 „Ich will das nicht hören!", rief seine Mutter. „Das ist
43 nicht wahr! Sag, dass das nicht wahr ist."
44 Ronnys Vater schwieg.
45 „Hau ab!", zischte Ronny seinen Vater an. Seine Hände
46 zitterten. Er wollte weiter zuschlagen und konnte sich
47 nur mit Mühe zurückhalten. „Geh doch ganz
48 zu deiner Neuen!"
49 „Nichts lieber als das!", brüllte sein Vater. „Ich habe
50 von dieser Familie schon lange genug."

51 Wenig später fiel die Haustür knallend ins Schloss.
52 Ronny fühlte sich erleichtert. Er zitterte. Dann sah er
53 das Gesicht seiner Mutter. Sie sah zum Fürchten aus.
54 Sie stürzte sich auf Ronny und schüttelte ihn.
55 „Was hast du getan?", schrie sie. „Warum?"
56 Dann schien sie mit einem Mal alle Kraft zu verlieren.
57 Ronny führte sie zu einem Küchenstuhl.
58 „Du hast deinen Vater aus dem Haus getrieben", flüsterte
59 sie. „Das werde ich dir nie verzeihen."
60 Ronny ging in sein Zimmer. Heiße Tränen liefen ihm
61 über das Gesicht. Er wollte ihr doch nur helfen. Aber sie
62 war so schwach. Er musste dafür umso stärker sein.
63 Ronny atmete tief ein.
64 Dann holte er sein Taschenmesser hervor und zog
65 die Ärmel seiner Sweatshirt-Jacke hoch.
66 Sekunden später tropfte Blut zu Boden.
67 Der Schmerz vertrieb seine Tränen.
68 Solange er Schmerzen hatte, konnte er etwas fühlen.
69 Solange er Schmerzen hatte, war er am Leben.
70 Das dachte er. Aber er schämte sich auch für das, was er
71 gerade getan hatte. *Fortsetzung folgt*

1. Es ist Muttertag. Was hofft die Mutter?

**a) Die Wortgruppen ergeben die Antwort.
Nummeriere sie in der richtigen Reihenfolge.**

b) Schreibe die Antwort auf die Linien.

	dass die Familie am Muttertag
	gemeinsam etwas Schönes unternimmt
	Ronnys Mutter hofft,
	und dass der Tag friedlich verläuft.

_____

_____

_____

**2. Wie verhält sich Ronnys Vater an diesem Tag?
Kreuze die richtigen Sätze an.**

❏ Er sagt „Ja, ja" zum Vorschlag der Mutter.
❏ Er macht einen Vorschlag, was sie gemeinsam
mit Ronny unternehmen können.
❏ Er sitzt am Mittag angetrunken vor dem Fernseher.
❏ Als die Mutter zum Essen ruft, schaltet er
den Fernseher aus und setzt sich an den Esstisch.
❏ Als die Mutter zum Essen ruft, sagt er, dass
ein wichtiges Fußballspiel im Fernsehen läuft.
❏ Er will nichts essen, aber die Mutter soll ihm
ein Bier bringen.

3. Ronnys Mutter reißt auf einmal die Tischdecke mit allem, was darauf ist, zu Boden.
Warum ist sie enttäuscht und wütend?
Schreibe jeweils die Begründung auf.
Berate dich mit einem Partner.

Die Mutter ist enttäuscht, weil _____

_____

_____.

Die Mutter ist wütend, weil _____

_____

_____.

4. Der Vater schreit die Mutter an. Sie fängt an zu weinen.
Ronny möchte am liebsten in sein Zimmer gehen.
Wie fühlt er sich wohl?
Markiere die passenden Adjektive.

angespannt   hilflos   verzweifelt   frei

ruhig   entspannt   besorgt   angsterfüllt

leicht   locker   hoffnungslos   unwohl

5. Der Vater hält Ronny am Arm zurück.
Was tut der Vater jetzt? Ergänze den Satz.

Er _____ Ronny.

beschimpft / beruhigt

6. Der Vater ist angetrunken und hat sein Verhalten
   anscheinend nicht mehr unter Kontrolle.
   Lies den folgenden Sachtext über die Wirkung
   von Alkohol.

Die Wirkung von Alkohol

1 Alkohol ist eine Droge, die einen Rausch verursacht.
2 Zu alkoholischen Getränken zählen zum Beispiel
3 Bier, Wein, Sekt und Schnaps. Aber auch
4 verschiedene Mischgetränke, wie zum Beispiel
5 Alco-Pops oder Cocktails, enthalten Alkohol.

6 Alkohol gelangt im Körper über das Blut ins Gehirn.
7 Im Gehirn werden wichtige Körperfunktionen
8 gesteuert. Durch den Alkohol im Gehirn wird
9 das Gleichgewicht beim Gehen gestört und
10 die Person kann stolpern oder schwanken.
11 Außerdem wird die Sprache undeutlich, die Person
12 „lallt".

13 Ein Betrunkener verliert seine Hemmungen.
14 Das heißt, er sagt oder tut Dinge, die ihm sonst
15 unangenehm oder peinlich wären.
16 Auch die Bereitschaft zur Gewalt erhöht sich
17 durch das Trinken von Alkohol stark.

---

7. Was hast du im Sachtext erfahren?
   Unterstreiche in jedem Absatz die wichtigen Wörter.

**8. Woran erkennt man, dass der Vater angetrunken ist?
Sprecht in der Klasse darüber.
Tipp: Lest noch einmal Seite 53.**

**9. Der Vater schlägt Ronny ins Gesicht und
beschimpft ihn. Da schlägt Ronny zurück.
Wie reagiert jetzt die Mutter? Kreuze an.**

❑ Die Mutter ruft die Polizei, weil sie Ronny und sich
schützen will.
❑ Die Mutter reagiert verzweifelt und hilflos und
macht Ronny Vorwürfe.
❑ Die Mutter wirft den Vater aus dem Haus.

**10. Ronny möchte, dass die Mutter die Wahrheit
über den Vater erfährt. Was platzt aus Ronny heraus?
Unterstreiche auf Seite 53.**

**11. Wie findest du das weitere Verhalten der Familien-
mitglieder? Ergänze jeweils ein passendes Adjektiv.
Berate dich mit einem Partner.**

Die Mutter will die Wahrheit über den Vater und

die neue Frau nicht hören.

Das finde ich _____.

Der Vater schweigt zu den Vorwürfen.

Das finde ich _____.

Ronny sagt dem Vater, dass er ganz zu seiner neuen

Frau gehen soll. Das finde ich _____.

12. Die Mutter macht Ronny Vorwürfe, weil der Vater
die Familie verlassen hat. Ronny kann diese
belastende Situation mit Streit, Gewalt und Vorwürfen
nicht mehr aushalten. Er verletzt sich selbst
mit einem Taschenmesser.
Lies den folgenden Sachtext
über diese selbstverletzende Verhaltensweise.

Das Ritzen

1 In der Umgangssprache nennt man
2 **die selbstverletzende Verhaltensweise**
3 mit einem Messer oder einem anderen
4 scharfen Gegenstand **„das Ritzen"**. Selbst wenn
5 die **Wunden** klein sind und sich nicht entzünden,
6 entstehen beim Verheilen **Narben**.

7 **Jemand, der ritzt,** hat **seelische Probleme**.
8 Oft haben diese Menschen **Demütigungen** und
9 **Misshandlungen, Vernachlässigung** oder andere
10 **stark belastende Situationen** erlebt. Deshalb
11 fühlen sich diese Menschen zum Beispiel **wertlos**
12 und **hilflos** und sind sehr **angespannt**.
13 Wer sich selbst verletzt, **braucht Hilfe**!

13. Sprecht in der Klasse über folgende Fragen:
– Was habt ihr im Sachtext über das Ritzen
erfahren?
– Wodurch fühlt sich Ronny wohl gedemütigt?
– Welche Misshandlungen hat er erlebt?
– Warum fühlt er sich wohl vernachlässigt?

14. Wer sich selbst verletzt, braucht Hilfe!
Wo erhält eine Person, die sich selbst verletzt, Hilfe?
Gibt es Beratungsstellen in eurer Nähe?

a) **Informiert euch in Gruppen:**
Sucht im Internet nach Beratungsstellen.

b) **Schreibt die Informationen auf.**

_____

_____

_____

_____

_____

_____

_____

c) **Besprecht eure Informationen in der Klasse.**

15. Was hast du über den 13. Mai in Berlin erfahren?

a) **Gestalte ein Kalenderblatt für den Tag.**
Überlege mit einem Partner, welche Informationen
wichtig sind. Schreibe sie auf das Kalenderblatt.

b) **Hefte das fertige Kalenderblatt**
in den Schnellhefter. Ordne es zeitlich richtig ein.

Kapitel 10

1 **J**etzt in Köln: 7. und 8. und 9. Oktober

2 Es ist der letzte Tag der Herbstferien. Ronny ist

3 zu seiner Mutter nach Berlin gefahren. Ich habe ihn

4 vom ersten Ferientag an vermisst. Dabei haben wir

5 vorher gar nicht mehr miteinander geredet.

6 In den Ferien habe ich viel Zeit mit Jana verbracht.

7 Es kommt mir so vor, als ob sie mir gegenüber ein

8 schlechtes Gewissen hat. Dabei müsste ich es haben.

9 Am ersten Schultag behandelt mich Ronny weiterhin

10 wie Luft. Na gut. Das kann ich auch.

11 Im Biologie-Unterricht schaue ich aber doch immer

12 wieder heimlich zu ihm hinüber.

13 Herr Schorner, unser Lehrer, ermahnt mich. Er hat heute

14 besonders schlechte Laune.

15 Jana flüstert mir zu: „Papa hat ihm die Aufgabe gegeben,

16 die alten Biologie-Bücher auszusortieren. Das ist

17 ein Haufen Arbeit. Er ist stinkwütend."

18 Ich kichere. Dann fällt mir etwas ein.

19 Die alten Schulbücher lagern in der Bücherkammer

20 des Sekretariats. Und dort befinden sich auch

21 die Schülerakten. Ich werde Herrn Schorner dazu bringen,

22 dass ich ihm beim Aussortieren der Bücher helfen muss.

23 Bestimmt kann ich dann heimlich

24 einen Blick in Ronnys Schülerakte werfen.

25 Möglichst laut flüstere ich Jana zu: „Da muss

26 der arme Schorner ja mal richtig arbeiten

27 mit den vielen alten Büchern!" Jana wird knallrot.

28 Und schon steht Schorner vor uns. „Sicher willst du mir

29 heute Nachmittag helfen, die alten Schulbücher

30 auszusortieren. Nicht wahr, Tara?", sagt er streng.

31 „Ich wüsste nicht, was ich lieber täte", antworte ich.

32 Pünktlich um halb drei bin ich im Sekretariat.

33 Schorner öffnet die Bücherkammer.

34 „Mist! So viele Bücher", denke ich.

35 „Du musst alle Bücher, die älter sind als

36 aus dem Jahr 1990, aus dem Regal nehmen", erklärt er

37 mir. „Später bringen wir sie dem Hausmeister."

38 Ich nicke.

39 „Ich sitze im Lehrerzimmer nebenan und korrigiere
40 Arbeiten", sagt er noch. Dann lässt er mich allein.
41 Nach einer Weile öffne ich leise den Schrank
42 mit den Schülerakten. Schnell finde ich Ronnys Akte.
43 Neugierig blättere ich sie durch.
44 Na super, sie enthält nur seine Anmeldung,
45 die Adresse seiner Mutter in Berlin und die Adresse
46 seiner alten Schule. Und dafür muss ich jetzt
47 den ganzen Nachmittag Bücher ordnen. Toll gemacht,
48 Tara! Abends gegen sieben schleppe ich mich
49 hundemüde nach Hause. Aber ich habe
50 einen neuen Plan: Ich habe mir die Telefon-Nummer
51 von Ronnys alter Schule notiert. Morgen früh rufe ich
52 dort an!

53 Am nächsten Morgen gebe ich mich am Telefon als
54 Ronnys neue Lehrerin aus. „Ich mache mir Sorgen
55 wegen seines aggressiven Verhaltens", erkläre ich
56 der Sekretärin von Ronnys alter Schule.
57 Wenig später habe ich die Direktorin am Apparat.
58 Was sie mir erzählt, kann ich nicht glauben.
59 In Berlin wurde im Mai ein Obdachloser
60 zusammengeschlagen und Ronny hatte
61 mit der Sache zu tun.
62 Nachdem ich aufgelegt habe, suche ich im Internet
63 nach Zeitungsartikeln zu dem Fall. Ich lese sie durch.
64 Ronnys Name scheint in den Zeitungen
65 aus Datenschutzgründen geändert worden zu sein.
66 „Mein Gott, Ronny, was hast du nur getan?", frage ich
67 mich in Gedanken immer wieder.

Fortsetzung folgt

1. Tara hat Ronny in den Herbstferien vermisst.

a) Wo ist er hingefahren? Kreuze an.

❏ Er ist mit seiner Mutter in den Urlaub gefahren.
❏ Er ist mit seiner Tante in den Urlaub gefahren.
❏ Er ist zu seiner Mutter nach Berlin gefahren.

b) Wie war das Verhältnis zwischen Tara und Ronny vor den Ferien? Kreuze an.

❏ Sie haben sich versöhnt. Tara und Ronny haben viel Zeit miteinander verbracht.
❏ Sie haben nicht miteinander gesprochen. Aber Tara mag ihn immer noch.
❏ Sie haben sich ein paar Mal gestritten. Dann hatten sie nichts mehr miteinander zu tun.

2. Tara kommt es so vor, als ob Jana ein schlechtes Gewissen hat. Warum könnte Jana das haben? Sprich mit einem Partner darüber.

3. Tara selbst hat ein schlechtes Gewissen gegenüber Jana. Warum? Vervollständige die Sätze. Berate dich mit einem Partner.

Tara hatte vor den Ferien wenig _____

_____ . Sie hat Jana sogar einmal

_____ . Außerdem hat sie Jana genervt,

weil sie ständig von _____ .

4. Die Schule hat wieder begonnen.
   Ronny behandelt Tara weiterhin wie Luft.
   „Jemanden wie Luft behandeln" ist
   eine Redewendung. Was bedeutet sie?

a) Überlege mit einem Partner.

b) Ergänze mit eigenen Worten.

Die Redewendung „Jemanden wie Luft behandeln"
bedeutet: Einer tut so, als würde er den anderen

_____ .

5. Tara hat eine Idee, wie sie an Informationen
   über Ronny kommt.
   Welche? Ergänze die Denkblase.

Die alten Schulbücher lagern in der

_____ .
Sporthalle / Bücherkammer des Sekretariats
Und dort befinden sich auch

die _____ .
alten Zeugnisse / Schülerakten
Ich werde Herrn Schorner dazu bringen, dass ich ihm

_____ helfen muss.
beim Aussortieren der Bücher / beim Korrigieren
Bestimmt kann ich dann heimlich einen Blick

in _____ Schülerakte werfen.
meine / Ronnys

6. Tara wirft einen Blick in Ronnys Schülerakte.

a) Was hofft sie wohl darin zu finden? Ergänze den Satz.

Sie hofft, einen Hinweis darauf zu finden, _____

warum / wann

Ronny Berlin und seine alte Schule verlassen hat.

b) Was entdeckt sie in seiner Akte? Kreuze an.

- ❑ Ronnys Anmelde-Unterlagen
- ❑ ein Foto von Ronny
- ❑ die Adresse seiner Mutter
- ❑ einen Zeitungsartikel
- ❑ die Adresse und Telefon-Nummer seiner alten Schule

c) Ist Tara wohl zufrieden mit ihrem Fund? Kreuze an.

❑ ja   ❑ nein

7. Tara ruft in der alten Schule von Ronny an.
Was erfährt Tara am Telefon? Ergänze den Satz.

Sie erfährt, dass im Mai in Berlin ein _____

_____

und Ronny damit zu tun hatte.

8. In Zeitungsartikeln über den Fall wurde Ronnys Name
aus Datenschutzgründen geändert.
Sprecht in der Klasse über diese Fragen:
– Was ist Datenschutz?
– Warum ist Datenschutz wichtig?

9. Auch Tara hat gegen den Datenschutz verstoßen.
Was hat sie getan?
Ergänze die Wörter aus dem Kasten.

> Informationen / ohne Erlaubnis / Schülerakte / Namen

Tara hat _____

in Ronnys _____ gelesen. Sie hat

unter falschem _____ Ronnys

frühere Direktorin nach vertraulichen

_____ gefragt.

10. Tara kennt jetzt einen Teil von Ronnys Geheimnis.
Sprecht in Gruppen über diese Fragen:
    – Wie fühlt sich Tara mit diesem Wissen wohl?
    – Wie wird sie sich jetzt Ronny gegenüber verhalten?

11. Was hast du über den 7. Oktober in Köln erfahren?
Was über den 8. Oktober in Köln?
Und was über den 9. Oktober in Köln?

a) Gestalte für jeden Tag ein eigenes Kalenderblatt.
Überlege mit einem Partner, welche Informationen
jeweils wichtig sind.
Schreibe sie auf das Kalenderblatt.

b) Hefte die fertigen Kalenderblätter
in den Schnellhefter. Ordne sie zeitlich richtig ein.

Kapitel 11

1 **V**or einigen Monaten in Berlin: 27. Juli

2 Ronny traute sich nicht, seine Sonnenbrille aufzusetzen.

3 Nicht hier. Nicht im Gerichtssaal.

4 Alle würden denken, dass er etwas zu verbergen hat.

5 Auch Frank und Pedro waren anwesend.

6 Die beiden behaupteten, dass vor allem Ronny

7 den Obdachlosen verprügelt hatte.

8 Das hatte der Staatsanwalt Ronny bei einer Befragung

9 vor ein paar Tagen berichtet.

10 Ronny schluckte. Sein Mund war trocken.

11 „Ich habe alles falsch gemacht", dachte er verzweifelt.

12 „Ich habe mir alles selbst kaputtgemacht."

13 Neben ihm saß seine Mutter.

14 Seit dem Muttertag war sie immer nur niedergeschlagen

15 gewesen. Aber heute riss sie sich zusammen.

16 Sie hatte sogar am Morgen geduscht und ihr bestes Kleid

17 angezogen. Ronny war ihr also doch nicht egal.

18 Die Verhandlung begann.

19 Der Richter rief Ronny nach vorn und stellte ihm

20 einige Fragen zu seiner Person.

21 „Sind Sie vorbestraft?", fragte er am Ende.

22 „Nein", antwortete Ronny.

23 Danach begann der Staatsanwalt mit seiner Befragung.

24 „Wie lange vor dem 16. Mai kannten Sie Frank Hagenthal

25 und Pedro Damarc schon?"

26 „Zwei Wochen", sagte Ronny.

27 „Wie haben Sie sich kennen gelernt?", fragte

28 der Staatsanwalt.

29 „Frank hat mir geholfen, einen Typen zu verprügeln,

30 der meinen Geldbeutel klauen wollte", sagte Ronny.

31 „Warum sollte Ihnen eine wildfremde Person bei so etwas

32 helfen?", fragte der Staatsanwalt.

33 „Ich glaube, er hat seinen Frust abgelassen", sagte Ronny.

34 „Frank hat zugetreten, als der Typ schon am Boden lag."

35 „Sie wissen, dass Sie vor Gericht die Wahrheit sagen

36 müssen", mahnte der Staatsanwalt Ronny.

37 „Ich bin kein Lügner", platzte Ronny heraus. „Frank und

38 Pedro sind die Lügner! Ich habe dem Obdachlosen nichts

39 getan."

40 „Ich denke, Sie wollen nur sich selbst retten",

41 widersprach der Staatsanwalt. „Vor allem, weil

42 Herr Beiler, der Obdachlose, der verprügelt wurde,

43 gestern an seinen Verletzungen gestorben ist."

44 Ronny starrte den Staatsanwalt mit aufgerissenen Augen

45 an. Dann senkte er betroffen den Kopf.

46 „Geht es Ihnen gut, Herr Lessing?", fragte der Richter.

47 Ronny wischte sich die aufsteigenden Tränen

48 aus den Augen.

49 „Haben Sie uns noch etwas zu sagen?", hakte

50 der Staatsanwalt nach.

51 Plötzlich war Ronny alles zu viel. Er konnte nicht mehr.

52 „Lassen Sie mich in Ruhe!", rief er. „Ich ... ich ... es tut

53 mir leid! Es tut mir alles so leid!"

54 Er warf seiner Mutter einen verzweifelten Blick zu.

55 Er brauchte ihre Unterstützung dringend. Aber sie saß

56 nur in sich zusammengesunken da.

Fortsetzung folgt

1. Es ist der 27. Juli.
Was findet an diesem Tag in Berlin statt?
Ergänze die Wörter aus dem Kasten.

> angeklagt / zusammengeschlagen /
> Gerichtsverhandlung / Tätern

Es findet eine _____

statt: Ronny ist _____, am Abend

des 16. Mai gemeinsam mit zwei anderen _____

einen obdachlosen Mann _____

_____ zu haben.

2. Ronny traut sich nicht, im Gerichtssaal
seine Sonnenbrille aufzusetzen. Warum?
Ergänze den Satz mit eigenen Worten.

Ronny befürchtet, dass dann alle denken, dass er

_____ .

3. Was hat Ronny ein paar Tage vor dem Gerichtstermin
erfahren? Kreuze an.

- ❏ Frank und Pedro haben gestanden, dass sie
  allein den Obdachlosen zusammengeschlagen haben.
- ❏ Frank und Pedro haben behauptet, dass vor allem
  Ronny den Obdachlosen zusammengeschlagen hat.
- ❏ Frank und Pedro haben behauptet, dass Ronny
  allein den Obdachlosen zusammengeschlagen hat.

4. Ronny ist bei dem Gerichtstermin nicht allein.

a) Wer begleitet ihn? Schreibe auf die Linie.

_____

b) Du erfährst einiges über die Person.
Sind die Sätze richtig oder falsch? Kreuze an.

	richtig	falsch
Es geht Ronnys Mutter besser, seit ihr Mann ausgezogen ist.	❑	❑
Seit dem letzten Muttertag ist sie immer nur niedergeschlagen.	❑	❑
Am Tag der Gerichtsverhandlung weint sie die ganze Zeit.	❑	❑
Am Tag der Gerichtsverhandlung reißt sich Ronnys Mutter zusammen.	❑	❑
Sie hat am Morgen nicht geduscht.	❑	❑
Sie hat ihr bestes Kleid angezogen.	❑	❑
Ronny ist ihr also doch nicht egal.	❑	❑

5. Ein Richter und ein Staatsanwalt haben
unterschiedliche Aufgaben. Wer tut was?
Lies die Sätze an den Fäden.

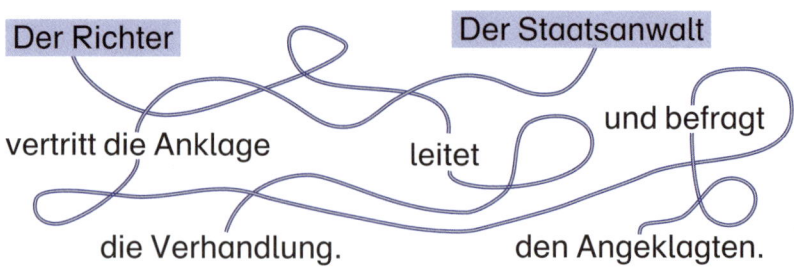

Der Richter — Der Staatsanwalt

vertritt die Anklage — leitet — und befragt

die Verhandlung. — den Angeklagten.

6. Ronny wird vom Staatsanwalt befragt.

**a) Lies noch einmal die Befragung
auf den Seiten 69 und 70.
Beachte, wie sich Ronnys Gefühle verändern.
Arbeite mit einem Partner zusammen.**

**b) Zu Beginn der Befragung antwortet Ronny
dem Staatsanwalt eher gelassen.
Unterstreiche diese Antworten im Text grün.**

**c) Dann wird Ronny auf einmal wütend. Warum?
Ergänze den Satz.**

Ronny wird wütend, weil der Staatsanwalt so tut,

als wäre Ronny ein _____ .

d) Unterstreiche Ronnys wütende Rede im Text rot.

**e) Am Ende der Befragung ist Ronny verzweifelt.
Was hat er da gerade erfahren?
Ergänze den Satz.**

Der Staatsanwalt sagt Ronny, dass der Obdachlose

an seinen Verletzungen _____ ist.

f) Unterstreiche Ronnys verzweifelte Rede im Text blau.

**7. Lest die Befragung mit verteilten Rollen.
Achtet beim Lesen auf die Betonung.
Ihr könnt auch ein Rollenspiel einüben.**

8. Am Ende der Befragung wird Ronny alles zu viel.
Er braucht die Unterstützung seiner Mutter.

a) Wie verhält sie sich? Kreise das richtige Bild ein.

1    2

b) Ronny könnte gut Unterstützung von der Mutter
wie auf Bild 1 gebrauchen.
Beschreibe das Bild mit eigenen Worten.

_____

_____

_____

9. Was hast du über den 27. Juli in Berlin erfahren?

a) Gestalte für diesen Tag ein eigenes Kalenderblatt.
Überlege mit einem Partner, welche Informationen
jeweils wichtig sind.
Schreibe sie in kurzen Sätzen auf das Kalenderblatt.

b) Hefte das fertige Kalenderblatt
in den Schnellhefter. Ordne es zeitlich richtig ein.

Kapitel 12

¹ **Jetzt in Köln: 25. Oktober**

² Als ich ins Klassenzimmer komme, liegt ein Zettel auf

³ meinem Tisch. Darauf steht:

⁴ *„Halte dich von Ronny fern, bevor es zu spät ist!"*

⁵ Meine Hände zittern.

6 Ich brauche jemanden zum Reden. Unbedingt.

7 Nachmittags fahre ich zu Jana. Ich erzähle ihr alles.

8 Jana kaut auf ihrer Unterlippe herum. Sie sieht schon

9 wieder aus, als ob sie ein schlechtes Gewissen hat.

10 Auf einmal wird mir etwas klar. „Du hast mir die Zettel

11 geschrieben!", rufe ich.

12 „Woher weißt du das?", fragt sie leise.

13 „Du bist keine gute Schauspielerin", antworte ich.

14 „Du hast die ganze Zeit über Ronnys Geheimnis

15 Bescheid gewusst, richtig?", frage ich sie.

16 „Ich wollte dich einweihen! Aber ich musste meinem Vater

17 versprechen, dir nichts zu sagen", erklärte Jana verlegen.

18 „Verzeih mir!", bittet sie.

19 Jana schaut mich mit Tränen in den Augen an.

20 „In Ordnung. Ich habe dir ja auch nicht alles erzählt",

21 beruhige ich sie. Jana nickt erleichtert.

22 „Du bist aber trotzdem noch in Ronny verliebt, stimmt's?",

23 will sie wissen. Jetzt nicke ich.

24 „Du bist echt ein hoffnungsloser Fall", sagt sie.

25 Nun kommen mir die Tränen.

26 „Ach, Jana", jammere ich. „Es ist so furchtbar.

27 Ein Mensch ist tot! Was soll ich bloß glauben?"

28 „Rede mit Ronny", schlägt Jana mir vor. „Versuche es

29 noch einmal, offen und ehrlich."

30 An diesem Nachmittag spreche ich noch lange mit Jana.

31 Ich bin so froh, dass ich sie habe.

32 Am nächsten Morgen auf dem Schulhof drückt mich Jana

33 fest an sich. „Viel Glück!", wünscht sie mir. Dann mache

34 ich mich auf die Suche nach Ronny.

35 Im Treppenhaus erwische ich ihn.

36 „Wir müssen reden!", fordere ich. Er versucht, mir

37 auszuweichen. Schnell umfasse ich sein Handgelenk.

38 „Was willst du?", fragt er und zieht mich zur Seite.

39 „Ich weiß Bescheid!", sage ich leise.

40 „Tatsächlich? Und was willst du?", zischt er. „Eine

41 öffentliche Entschuldigung? Geld?"

42 „Du hältst mich für eine Erpresserin?", frage ich.

43 „Was willst du denn sonst?", fragt er zurück.

44 „Können wir nicht woanders reden?", bitte ich ihn.

45 „Wozu? Du weißt doch schon alles über mich! Du kennst

46 mein Geheimnis, werde glücklich damit."

47 „Aber du hast dem Obdachlosen doch gar nichts getan,

48 oder?", presse ich hervor.

49 „Woher willst du das wissen?", fragt er.

50 „Der Staatsanwalt hat mir das nicht geglaubt."

51 „Aber du wurdest doch freigesprochen!", erwidere ich.

52 „Der Staatsanwalt musste die Klage fallen lassen",

53 sagt Ronny. „Ein anderer Obdachloser hat für mich

54 ausgesagt. Er hat alles beobachtet. Aber die anderen

55 haben mir das alle zugetraut." Traurig und wütend

56 schüttelt er den Kopf. „Jetzt hast du endlich deine Story

57 für die Schülerzeitung", sagt er. „Das wolltest du doch

58 die ganze Zeit!"

59 „Aber nein, ich wollte dich nur verstehen!", rufe ich.

60 „Wozu?", fragt er.

61 „Weil … weil …", stottere ich. Ich kann ihm nicht sagen,

62 dass ich in ihn verliebt bin. Vorher muss ich wissen, wie

63 der wahre Ronny ist.

64 „Du willst mich verstehen? Du willst wissen, wie ich

65 wirklich bin?" Ronny reißt seine Faust hoch …

Fortsetzung folgt

1. Tara findet einen Zettel auf ihrem Schultisch.

a) Was steht darauf? Kreuze den richtigen Zettel an.

❏

*Halte dich
von Ronny fern,
bevor es zu spät ist!*

❏

*Lass Ronny in Ruhe.
Er hat dir nichts
getan!*

b) Tara liest den Zettel mit zitternden Händen.
Wie fühlt sie sich wohl?
Schreibe drei passende Adjektive auf.

_____

c) Was könnte Tara jetzt tun?
Sprich mit einem Partner darüber.

2. Tara fährt zu Jana und erzählt ihr alles.
Was wird sie wohl erzählen? Schreibe in dein Heft.
Beginne so: *Tara erzählt Jana: „Ich bin in Ronny verliebt.
Ich habe ihn …"*

verliebt / heimlich beobachtet / Jana angelogen /
in Ronnys Schülerakte geschaut /
unter falschem Namen bei Ronnys alter Schule
angerufen /
erfahren, dass in Berlin ein Obdachloser
zusammengeschlagen wurde /
weiß nicht genau, was Ronny damit zu tun hat /
im Internet nach Zeitungsartikeln gestöbert

3. Bei dem Gespräch mit Tara sieht Jana aus, als habe sie ein schlechtes Gewissen. Da wird Tara etwas klar.

a) Was erkennt Tara plötzlich? Ergänze den Satz.

_____ hat ihr die Zettel geschrieben.

b) Wie verläuft das Gespräch der beiden weiter? Wer sagt was? Ergänze jeweils den richtigen Namen.

> Tara / Jana

„Du hast mir die Zettel geschrieben!", ruft _____ .

„Woher weißt du das?", fragt _____ leise.

„Du bist keine gute Schauspielerin", antwortet _____ .

„Du hast die ganze Zeit über Ronnys Geheimnis

Bescheid gewusst, richtig?", fragt sie.

„Ich wollte dich einweihen! Aber ich musste

meinem Vater versprechen, dir nichts zu sagen",

erklärt _____ verlegen. „Verzeih mir!",

bittet sie ihre Freundin.

„In Ordnung. Ich habe dir ja auch nicht alles erzählt",

beruhigt _____ Jana.

4. Jana hat Tara die Zettel mit den Warnungen geschrieben. Was hat sie sich dabei wohl gedacht? Sprich mit einem Partner darüber.

5. **Tara ist wegen Ronny verzweifelt.**
   Was rät Jana ihr? Kreuze an.

   ❑ Tara soll Ronny endlich vergessen.
   ❑ Tara soll offen und ehrlich mit ihm reden.
   ❑ Tara soll heimlich die ganze Wahrheit herausfinden.

6. **Diskutiert in einer Mädchen- und**
   einer Jungengruppe.

   – **Die Mädchengruppe:**
   Wie findet ihr Janas Rat? Was hättet ihr Tara
   geraten? Begründet eure Vorschläge.

   – **Die Jungengruppe:**
   Was soll Ronny tun, wenn Tara mit ihm offen und
   ehrlich redet? Auch offen und ehrlich antworten
   oder ihr lieber weiter aus dem Weg gehen?
   Begründet eure Meinungen.

7. **Zwischen Tara und Ronny kommt es**
   am nächsten Morgen zu einem Streit.

a) **Unterstreiche auf Seite 77, was die beiden sagen:**
   – **rot, was Tara sagt.**
   – **blau, was Ronny sagt.**
   Tipp: Unterstreiche nur die wörtliche Rede.

b) **Lies die Szene mit einem Partner.**
   Achtet beim Lesen auf die Betonung.

8. Tara soll Ronny sagen, warum sie ihn unbedingt verstehen will. Aber sie bekommt die Antwort nicht heraus. Was müsste sie ihm gestehen? Schreibe in die Denkblase.

9. Ronny ist wütend, weil Tara nicht antwortet.
   Da reißt Ronny seine Faust hoch, um zu zeigen,
   wie er wirklich ist.
   Was passiert jetzt wohl als Nächstes?
   Sprecht in der Klasse darüber.
   Begründet eure Vermutungen.

10. Was hast du über den 25. Oktober in Köln erfahren?
    Was über den 26. Oktober in Köln?

a) Gestalte für jeden Tag ein eigenes Kalenderblatt.
   Überlege mit einem Partner, welche Informationen
   jeweils wichtig sind.
   Schreibe sie auf das Kalenderblatt.

b) Hefte die fertigen Kalenderblätter
   in den Schnellhefter. Ordne sie zeitlich richtig ein.

Kapitel 13

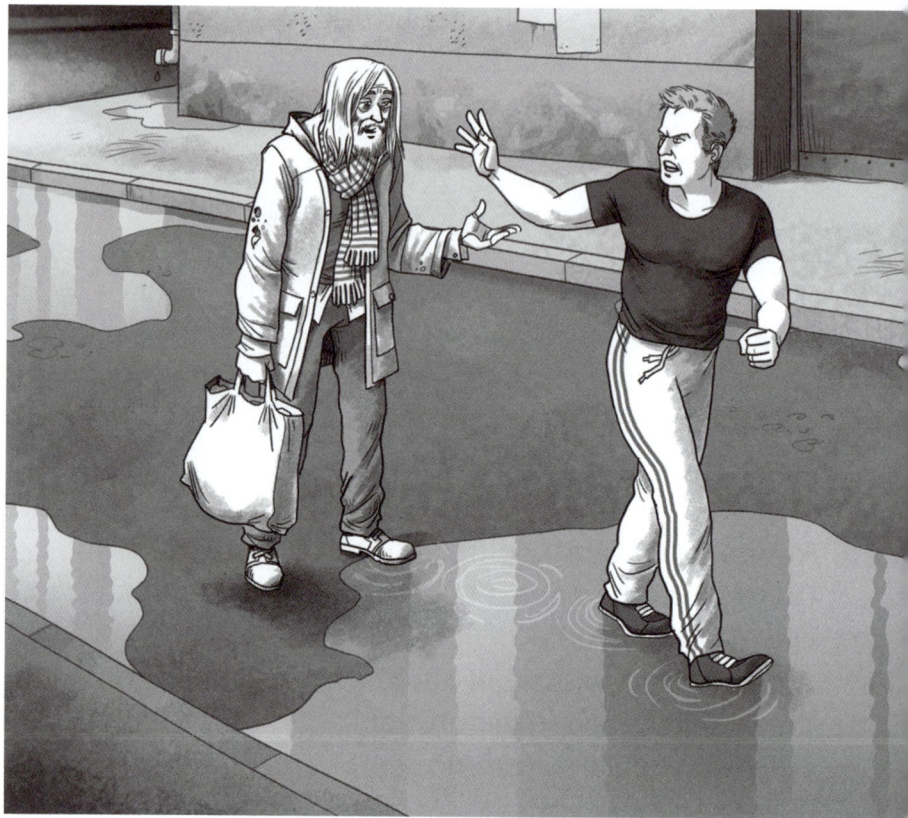

1 **Vor einigen Monaten in Berlin: 16. Mai**
2 Vor drei Tagen hatte Ronnys Vater die Familie
3 verlassen. Seit drei Tagen saß Ronnys Mutter völlig starr
4 und abwesend in ihrem Sessel. Manchmal sah sie Ronny
5 vorwurfsvoll und wütend an.
6 Ronny konnte es nicht mehr ertragen. Er brauchte
7 jemanden zum Reden. Jemanden, der auf seiner Seite
8 stand. Jemanden, der ihm sagte, dass er alles richtig
9 gemacht hatte. Er rief Frank an.

10 „Hey, Ronny", begrüßte Frank ihn. „Dachte schon, du
11 hättest uns vergessen."
12 „Hatte nur viel um die Ohren", sagte Ronny.

13 Am Abend trafen sie sich mit Pedro in einem Kiosk.
14 Sie tranken dort an einem Stehtisch mehrere Gläser Bier
15 und Schnaps. Der Besitzer des Kiosks fragte nicht
16 nach dem Alter der drei. Später wankten Ronny, Frank
17 und Pedro angetrunken durch die Straßen.

18 „He, ihr da!", rief plötzlich jemand hinter ihnen.

19 Aus einer Seitengasse kam eine Gestalt auf sie zu.

20 An der alten Kleidung erkannte Ronny, dass es

21 ein Obdachloser sein musste.

22 „Ihr habt doch sicher einen Euro für mich", sagte

23 der alte dürre Mann. Er ging auf Frank zu.

24 „Hau ab, du Penner!", rief Frank und stieß

25 den alten Mann angewidert von sich.

26 „Kommt schon, Jungs …", versuchte der alte Mann es

27 noch einmal. „Nur einen Euro oder einen Schluck Bier

28 für den alten Fritz!"

29 „Hau ab!", brüllte Pedro.

30 „Euch ging es wohl noch nie schlecht, hä?", fragte

31 der alte Mann. Da packte Frank ihn am Kragen

32 des alten Regenmantels. Der alte Mann versuchte, sich

33 zu wehren. „Bitte, lass mich", flehte er.

34 Aber Frank rammte ihm die Faust ins Gesicht.

35 „Warte, dir wird es noch richtig schlecht gehen!", rief er

36 dabei.

37 Dann traf den alten Mann der zweite Schlag. Er stöhnte

38 vor Schmerzen.

39 Ronny stand wie erstarrt daneben. Es war, als wären alle

40 Gefühle in ihm abgestorben.

41 Frank und Pedro schlugen weiter auf den Mann

42 am Boden ein. Ronny musste plötzlich an die Schläge

43 seines Vaters denken. Er sah sich selbst noch einmal

44 am Boden liegen. Da riss ihn das laute Gegröle

45 von Frank und Pedro endlich aus seiner Erstarrung.

46 „Was … was tut ihr da?", rief Ronny. „Ihr bringt ihn ja um.

47 Hört auf! Hört sofort auf!"

48 Aber Frank und Pedro hörten nicht auf.

49 Ronny wich ein paar Schritte zur Seite und holte

50 sein Handy hervor. Er rief die Polizei und

51 einen Krankenwagen.

52 Dann versuchte er, Frank und Pedro

53 von dem wimmernden alten Mann wegzuziehen.

54 Aber sie stießen ihn nur von sich.

55 „Ich hab die Polizei gerufen!", schrie Ronny jetzt.

56 „Was hast du getan?", zischte Frank.

57 „Verräter!", knurrte Pedro.

58 „Weg hier!", rief Frank. Die beiden rannten los.

59 Ronny kniete sich neben den alten Mann. Es fing an

60 zu regnen.

61 Die Polizei und ein Krankenwagen trafen

62 zur gleichen Zeit ein. Der alte Mann wurde sofort

63 in ein Krankenhaus gefahren. Ronny wurde

64 von den Polizisten mitgenommen, obwohl ein Zeuge,

65 ein zweiter Obdachloser, für ihn aussagte.

66 Er sagte, dass Ronny den alten Fritz

67 nicht geschlagen habe. Er sei unschuldig.

68 Noch am selben Abend startete die Polizei

69 eine Fahndung nach Frank Hagenthal und

70 Pedro Damarc.

Fortsetzung folgt

1. **Ronnys Vater hat vor drei Tagen die Familie verlassen.**
   Wie verhält sich Ronnys Mutter seitdem?
   Markiere die richtigen Adjektive.

verantwortungsvoll   starr   abwesend

milde   vorwurfsvoll   wütend   freundlich

2. **Ronny braucht jemanden zum Reden.**
   Ist Frank wohl der richtige Gesprächspartner?
   Sprecht in der Klasse darüber.
   Begründet eure Meinung jeweils.

3. **Ronny trifft sich mit Frank und Pedro.**
   Was unternehmen sie? Kreuze an.

   ❏ Sie treffen sich in einem Café und lernen sich
   im Gespräch besser kennen.

   ❏ Sie gehen in einen Kiosk und trinken dort Bier und
   Schnaps, bis sie angetrunken sind.

   ❏ Sie treffen sich bei Frank und spielen
   ein Computerspiel.

4. **Der Besitzer des Kiosks fragt nicht nach**
   Ronnys Alter.
   Ronny ist aber noch nicht volljährig.
   Durfte der Kiosk-Besitzer ihm Bier und Schnaps
   verkaufen und trinken lassen?
   Sprecht in der Klasse über die rechtliche Situation.

5. Ronny, Frank und Pedro wanken angetrunken durch die Straßen. Was passiert? Ergänze die Sätze.

Sie werden von einem Obdachlosen _____ .

Er bittet sie um _____ Euro. Frank und Pedro

reagieren sofort sehr _____ .

Sie _____ den alten Mann zusammen.

Ronny steht _____ .

6. Ronny sieht, wie Frank und Pedro den Mann am Boden immer noch weiter schlagen. Sprecht in der Klasse über diese Fragen:
– Woran muss Ronny denken?
– Warum sind seine Gefühle in diesem Moment wohl wie abgestorben?

7. Ronnys Erstarrung löst sich. Was tut er nacheinander? Nummeriere die Sätze in der richtigen Reihenfolge.

☐ Er versucht, Frank und Pedro
von dem wimmernden alten Mann wegzuziehen.

1 Er ruft den beiden zu, dass sie aufhören sollen.

☐ Als Frank und Pedro weglaufen, kniet er sich
neben den alten Mann.

☐ Er ruft die Polizei und einen Krankenwagen.

☐ Er holt sein Handy hervor.

☐ Er schreit, dass er die Polizei gerufen hat.

8. Es gibt einen Zeugen, einen anderen Obdachlosen,
   der für Ronny aussagt.
   Was hat er der Polizei gesagt?
   Unterstreiche auf Seite 85.

9. Ronny wird von der Polizei mitgenommen.
   Nach Frank und Pedro gibt die Polizei eine Fahndung
   raus. Was ist eine Fahndung?
   Informiert euch auf der Internetseite
   des Bundeskriminalamtes.

   So geht ihr vor:
   – Bildet Dreiergruppen.
   – Ruft die Internetseite www.bka.de auf.
   – Gebt dort den Suchbegriff „Fahndung" ein.
   – Lest nach, was man unter einer „Fahndung" versteht.
   – Fasst das Ergebnis zusammen. Schreibt in eure Hefte.
   – Stellt das Ergebnis in der Klasse vor.

10. **Was hast du über den 16. Mai in Berlin erfahren?**

a) Sieh in deinem Schnellhefter nach:
   Für den 16. Mai gibt es schon ein Kalenderblatt.

b) Gestalte nun ein zweites Kalenderblatt
   für den 16. Mai.
   Schreibe darauf, was vorher geschah.

c) Hefte das fertige Kalenderblatt
   in den Schnellhefter.
   Ordne es zeitlich richtig ein.

Kapitel 14

1 *J*etzt in Köln: 26. Oktober

2 Ronny rammt seine Faust mit aller Kraft gegen

3 die Wand. Er wollte mich gar nicht treffen, trotzdem

4 zucke ich vor Schreck zusammen.

5 Ronny sinkt mit verzerrtem Gesicht zu Boden.

6 Seine Hand blutet leicht.

7 „Es tut mir leid", murmelt er immer wieder und schaukelt

8 mit seinem Oberkörper leicht vor und zurück.

9 „Ich hasse dich", sagt er, aber es klingt ganz anders.

10 „Wie kann ein Mensch nur so verbissen sein wie du?

11 Warum willst du das alles über mich wissen?"

12 „Dafür gibt es normalerweise nur zwei Gründe", sage ich
13 leise.
14 „Dann hasst du mich also auch?", flüstert er. Und jetzt
15 lächelt er mich endlich an. „Ich wollte dir nie wehtun.
16 Ich wollte das alles nicht!"
17 „Komm schon, Ronny, lass uns irgendwo hingehen und
18 reden", bitte ich ihn. „In das Café?" Dort hat unser Streit
19 vor Wochen begonnen. Jetzt soll er auch dort enden.

20 Als wir uns an einem Zweiertisch gegenübersitzen, holt
21 Ronny tief Luft. Seine Stimme zittert. Er erzählt
22 von seinem Vater. Von der Arbeitslosigkeit,
23 dem Alkoholproblem des Vaters und den Schlägen.
24 „Kein Wunder, dass Ronny so viel Wut in sich trägt",
25 denke ich. Dann erzählt er von dem Tag,
26 an dem der Obdachlose zusammengeschlagen wurde.
27 „Ich habe zugesehen, wie Frank und Pedro
28 den alten Mann halb tot prügelten. Dabei hatte er ihnen
29 doch nichts getan", erzählt Ronny leise.
30 „Ich selbst habe meinen Vater geschlagen. Aber das war
31 etwas anderes. Ich musste mich doch wehren. Und ich
32 habe einen Typen verprügelt, der mir Geld stehlen wollte.
33 Natürlich war das nicht richtig. Ich war so schrecklich
34 wütend an dem Tag. Aber ich würde wirklich niemals
35 unschuldige Menschen zusammenschlagen. Ich bin
36 kein Schläger!" Ich glaube ihm. Ich kann gar nicht anders.
37 „Was ist mit Frank und Pedro?", frage ich.
38 „Die haben die Höchststrafe bekommen", antwortet er.
39 „Zehn Jahre Haft wegen Körperverletzung mit Todesfolge.
40 Sie waren beide schon in anderen Fällen
41 von Körperverletzung vorbestraft."

42 Die nächsten Minuten verbringen wir schweigend.

43 „Woher stammen die Narben auf deinen Armen?", frage

44 ich dann vorsichtig weiter.

45 „Du willst wohl alles ganz genau wissen", presst er

46 hervor. Er zieht die Ärmel seiner Sweatshirt-Jacke

47 langsam hoch. Einige Narben sind alt und verblasst,

48 andere noch ganz frisch. Da begreife ich.

49 „Das Messer ... du ... du hast dich selbst verletzt ...",

50 stottere ich. Er nickt und sieht aus dem Fenster.

51 „Ich habe das Messer in den Rhein geworfen, um endlich

52 damit aufzuhören", erklärt er. „Ich wollte in Köln ganz neu

53 anfangen."

54 „Das ist auch sicher gut", sage ich. „Aber du kannst nicht

55 so tun, als ob es die letzten Jahre nicht gegeben hätte.

56 Dann wirst du nie damit klarkommen."

57 Ronny sieht traurig aus.

58 „Und du solltest nicht ständig diese bescheuerte

59 Sonnenbrille aufsetzen", füge ich hinzu. „Versteck dich

60 nicht weiter hinter ihr!"

61 Jetzt lächelt Ronny. „Nun hast du deine Story

62 für die Schülerzeitung", sagt er dann. „Was machst du

63 jetzt damit?"

64 „Gar nichts", erwidere ich. „Es ist deine Sache, wem du

65 von deiner Geschichte erzählst."

66 Er sieht erleichtert aus.

67 „Ich glaube, ich habe demnächst sowieso nur wenig Zeit

68 für die Schülerzeitung", sage ich.

69 Wir sehen uns eine Zeit lang schweigend in die Augen.

70 Dann beugt sich Ronny vor und küsst mich.

Ende

1. **Tara und Ronny befinden sich mitten
   in einem heftigen Streit. Wie geht der Streit aus?
   Verbinde so, dass die Aussagen stimmen.**

Ronny hat seine Faust	bei Tara.
Aber dann rammt er	nicht schlagen.
Er wollte Tara	die Faust gegen die Wand.
Trotzdem zuckt Tara	wie zum Schlag erhoben.
Ronny entschuldigt sich	vor Schreck zusammen.

2. **Ronny sagt, dass es ihm leidtut.**

a) **Lest noch einmal auf den Seiten 90 und 91, wie
   das Gespräch zwischen Ronny und Tara weitergeht.**

b) **Welche beiden Aussagen meint Ronny nicht ernst?
   Und woran erkennst du das?
   Sprecht in der Klasse darüber.
   Tipp: Achtet auch darauf, wie Ronny spricht und
   wie er Tara anschaut.**

3. **Tara erfährt mehr über Ronny.**
   Ergänze die fehlenden Wörter.
   Tipp: Lies noch einmal Seite 90.

Ronny erzählt von _____ .

Von dessen _____ ,

dem _____ des Vaters und

den _____ . „Kein Wunder, dass Ronny

so viel _____ in sich trägt", denkt Tara.

4. **Ronny hat durch die Schläge seines Vaters**
   viel Gewalt erlebt.
   Er selbst wurde schließlich auch gewalttätig.
   Sprecht in der Klasse über diese Fragen:
   – **Warum ist Ronny wohl gewalttätig geworden?**
   – **Was hilft ihm wohl, ohne Gewalt zurechtzukommen?**

5. **Ronny hat offen und ehrlich mit Tara**
   über seine Vergangenheit gesprochen.
   Er versichert ihr, dass er kein Schläger ist.
   Wie reagiert Tara?
   Beantworte die Frage mit eigenen Worten.
   Schreibe vollständige Sätze.

_____

_____

_____

6. Tara fragt nach Frank und Pedro.
Was berichtet Ronny? Unterstreiche auf Seite 90.

7. Tara will wissen, woher Ronnys Narben
an den Armen stammen.
Sie begreift, dass er sich selbst verletzt hat.
Was erklärt Ronny ihr?
Ergänze in der Sprechblase.
Tipp: Lies noch einmal Seite 91.

Ich habe das Messer in den Rhein

_____, um endlich damit

_____. Ich wollte

in Köln _____.

8. Tara rät Ronny, seine Sonnenbrille nicht ständig
zu tragen. Warum soll er es nicht tun?
Begründe mit eigenen Worten.

_____

_____

_____

_____

_____

9. Ronny sagt, dass Tara jetzt die Story für ihren Artikel in der Schülerzeitung hat.
Warum will Tara ihn nicht schreiben? Kreuze an.

Sie sagt,
- ❏ dass das niemand lesen will.
- ❏ dass es Ronnys Sache ist, wem er von seiner Geschichte erzählt.
- ❏ dass sie eine bessere Story gefunden hat.

10. **Was hast du über den 26. Oktober in Köln noch erfahren?**
Ergänze dein Kalenderblatt im Schnellhefter.

11. **Jetzt kennt ihr die ganze Geschichte von Ronny und Tara. Was ist der Reihe nach passiert? Gestaltet gemeinsam ein Wandplakat für euer Klassenzimmer.**

Das braucht ihr:

● ein großes Plakat: etwa 2 Meter breit, 1,50 Meter lang

So geht ihr vor:
- – Überlegt gemeinsam eine Überschrift für das Plakat.
- – Schreibt die Überschrift in großer Schrift oben links auf das Plakat.
- – Bittet euren Lehrer oder eure Lehrerin, Kopien der schönsten Kalenderblätter anzufertigen.
- – Klebt sie in der richtigen Reihenfolge auf das Wandplakat.

12. Wer hat den Jugendroman „Totgeschwiegen"
geschrieben? Lies den folgenden Sachtext.

Über den Autor

1 Der Autor des Jugendromans
2 „Totgeschwiegen" heißt
3 **Michael Borlik**. Er wurde **1975**
4 **in Brühl** bei Köln geboren.
5 Sein eigentlicher Beruf war Kaufmann.
6 Heute lebt er in der Nähe von **Leverkusen** und
7 arbeitet als **freier Schriftsteller**. Er schreibt
8 vorwiegend **Kriminalromane für Jugendliche** und
9 **Fantasy-Romane** [Fäntesi-Romane].
10 In seinen Krimis geht es oft auch
11 um die **seelischen Probleme** jugendlicher Täter.
12 **Weitere Jugendkrimis** von Michael Borlik sind:
13 „Heißkalt", „Rosentod", „Unsichtbare Augen" und
14 „Stumme Schatten".

13. Was hast du im Sachtext erfahren?
Beantworte die folgenden Fragen in Stichworten.

— Wie heißt der Autor von „Totgeschwiegen"?

_____

— Wann wurde er geboren? _____

— Wo lebt er heute? _____

— Wie heißen zwei andere Jugendkrimis des Autors?

_____

Totgeschwiegen

> Versuche immer erst, die Aufgabe selbst zu lösen.
> Vergleiche dann dein Ergebnis mit den Lösungen und
> Lösungsvorschlägen in diesem Heft.

Lösungen und Lösungsvorschläge zu den Aufgaben von Kapitel 1:

1. a) Hier können wir dir keinen Lösungsvorschlag machen.

b) Dies könntet ihr besprochen haben:
- Ronny könnte ungefähr 15 bis 18 Jahre alt sein.
- Auf dem Bild kann man im Vordergrund zwei Polizisten erkennen. Sie leuchten mit der Taschenlampe Ronny und einen Mann an, der am Boden liegt. Das Ganze spielt sich in einer schmalen Straße ab. Weiter hinten rennen zwei weitere Männer wie auf der Flucht davon.
- Ronny scheint überrascht und verzweifelt zu sein.

c) Diese Stichworte könntet ihr an der Tafel gesammelt haben:
Ronnys Alter: zwischen 15 und 18 Jahren
Ort: schmale, verlassene Straße
Situation: ein Mann am Boden, Ronny verzweifelt daneben, zwei Polizisten kommen, zwei Männer auf der Flucht

2. a) Hier können wir dir keinen Lösungsvorschlag machen.

b) Vergleiche deine Vermutung mit den Vermutungen anderer Schüler.

3. Ein Punchingball ist ein **Übungsgerät** für Boxer. Es handelt sich um einen sehr schweren **Sack**, der meistens mit **Sand** gefüllt ist. Er kann an der Decke oder an der Wand **befestigt** werden. Boxer üben daran mit ihren **Fäusten und Füßen**, um **kräftiger** schlagen und **schneller** reagieren zu können.

4. Diese Sätze könntest du in dein Heft geschrieben haben:
Wenn ich wütend bin, **muss ich Dampf ablassen**.
Das kann ich tun, indem **ich in meinem Zimmer laute Musik höre**.

5. Sicher hast du die Sätze so aufgeschrieben:
Niemand darf einem anderen Menschen körperlichen oder
seelischen Schaden zufügen. Körperliche und seelische Gewalt
gegen einen anderen Menschen ist strafbar.
Es löst die eigenen Probleme nicht, wenn man
einem anderen Menschen körperlich oder seelisch schadet.

6. Darüber könntet ihr gesprochen haben:
Ein obdachloser Mensch lebt auf der Straße, weil er zu wenig Geld
für eine Wohnung hat. Oft haben Obdachlose ihre Arbeit verloren
und niemanden mehr, der für sie sorgt.

7. a) Das könntet ihr euch gemeinsam überlegt haben:
Ronny möchte sich immer an das verletzte Gesicht des Mannes
erinnern, damit er weiß, wie schlimm Gewalt sein kann.
Vielleicht will er sich so selbst dabei helfen, niemals jemand
anderen zu schlagen.

b) Vergleiche deine Lösung mit der Lösung eines anderen Schülers.

8. a) Vergleiche deine Lösung mit der Lösung eines anderen Schülers.

b) Zeige den Schnellhefter deiner Lehrerin oder deinem Lehrer.

Lösungen und Lösungsvorschläge zu den Aufgaben von Kapitel 2:   2

1. a) Sicher hast du diese Überschriften aufgeschrieben:
Kapitel 1: **Vor einigen Monaten in Berlin: 16. Mai**
Kapitel 2: **Jetzt in Köln: 5. September**

b) Das verraten dir die Überschriften: Das zweite Kapitel spielt in
einer anderen Stadt. Außerdem sind ein paar Monate vergangen.

2. In Kapitel 1 erfahre ich, was im Monat **Mai** passiert ist.
Kapitel 1 spielt in der Stadt **Berlin**. Ich erfahre
Ronnys **Vorgeschichte**, also was in Berlin passiert ist.

In Kapitel 2 erfahre ich, was im Monat **September** passiert.
Kapitel 2 spielt in der Stadt **Köln**. Ich erfahre also, wie es
mit Ronny **nach seinem Umzug** in Köln weitergeht. Es sind fast
vier **Monate** seit seiner Zeit in Berlin vergangen.

3. Hier können wir dir keinen Lösungsvorschlag machen.

4. Darüber könntet ihr gesprochen haben:
Ronny lässt vielleicht seine Sonnenbrille zuerst noch auf, weil er sich unsicher fühlt. Mit der Sonnenbrille sieht er cool und lässig aus. Vielleicht hat er aber auch eine Augenkrankheit.

5. Sicher hast du dies auf Seite 9 unterstrichen:
Zeile 4: <u>Die ganze Klasse starrt ihn an.</u>
Zeilen 5 bis 6: <u>Die Mädchen flüstern aufgeregt. Die Jungen schauen interessiert.</u>

6. Jana – Sie findet Ronny süß.
Ihr Vater ist der Schuldirektor.

Tara – Sie ist sehr interessiert an Ronny.
Sie will alles über ihn wissen.

7. Das könntest du mit einem Partner besprochen haben:
Tara denkt, dass Ronny ein Geheimnis hat, weil seine Augen so traurig und zornig zugleich wirken. Außerdem hat er ständig seine Sonnenbrille auf.

8. Sicher hast du dies auf Seite 11 rot unterstrichen:
Zeile 52: <u>„Kannst du nicht mal deinen Vater ausquetschen?"</u>
Zeilen 53 bis 55: <u>„Wenn Ronny an seiner alten Schule etwas angestellt hat, weiß er es doch bestimmt."</u>

Sicher hast du dies grün unterstrichen:
Zeilen 56 bis 58: <u>„Meinetwegen"</u> … <u>„Aber du weißt, dass er mir solche Sachen nicht erzählen darf. Also mach dir keine großen Hoffnungen."</u>

9. So könntest du die Frage beantwortet haben:
Tara ist sehr glücklich, weil Ronny sich für sie interessiert.

10. a) Vergleiche deine Lösung mit der Lösung eines anderen Schülers.

b) Zeige den Schnellhefter deiner Lehrerin oder deinem Lehrer.

1. Hier erfahre ich, was im Monat **Juni** passiert ist.
Kapitel 3 spielt in der Stadt **Berlin**.
Ich erfahre also mehr über Ronnys Vorgeschichte.

2. a) Hier können wir dir keinen Lösungsvorschlag machen.

b) Drei dieser Verben im Präteritum könntest du auf Seite 16
blau unterstrichen haben:
sagte, zischte, unterbrach, verbarg, schüttelte, fragte

Diese Verben im Plusquamperfekt könntest du auf Seite 16
rot unterstrichen haben:
hatte ... verdient, hatte ... angefangen, hatte ... geschlagen

c) Dies könntest du in dein Heft geschrieben haben:
sagte – sagen, zischte – zischen,
unterbrach – unterbrechen, verbarg – verbergen,
schüttelte – schütteln, fragte – fragen,
hatte ... verdient – verdienen, hatte ... angefangen – anfangen,
hatte ... geschlagen – schlagen

3. Die richtige Antwort ist:
☒ Ronny hat etwas getan, sodass der Vater ausgezogen ist.

4. So könntest du die Sätze ergänzt haben:
Zuerst hat der Vater seine Arbeit verloren.
Dann hat er angefangen zu trinken.
Irgendwann hat er begonnen, seine Frau und seinen Sohn
zu schlagen.
Jetzt hat er eine neue Frau.

5. und 6. Hier können wir euch keine Lösungsvorschläge machen.

7. a) Das könnte auf deinem Kalenderblatt stehen:
5. Juni – Berlin
Die Mutter ohrfeigt Ronny.
Der Vater hatte die Familie verlassen.
Die Mutter wirft Ronny vor, dass er daran schuld sei.
Ronny schneidet sich in seinem Zimmer mit einem Messer.

b) Zeige den Schnellhefter deiner Lehrerin oder deinem Lehrer.

1. Darüber könntet ihr gesprochen haben:
  – In den Köln-Kapiteln erzählt Tara, was passiert.
  – Das erkennt man daran, dass die Ich-Erzählerin die beste Freundin von Jana ist.
  Außerdem ist die Erzählerin an Ronny interessiert und versucht, sein Geheimnis herauszufinden.
  – Weil der Teil der Geschichte in Köln in der Gegenwart erzählt wird, stehen die meisten Verben im Präsens.

2. Die richtige Antwort ist:
  ☒ Sie reden kaum miteinander.

3. Vergleiche deine Lösung mir der Lösung eines anderen Schülers.

4. Die richtige Antwort ist:
  ☒ Jana hat vergessen, ihren Vater nach Ronny zu fragen.

5. Sicher hast du dies auf Seite 21 unterstrichen:
  Zeilen 33 bis 34: „Er wohnt also bei seiner Tante."

6. | In einem Interview |———| wird eine Person befragt. |

7. Hier können wir euch keinen Lösungsvorschlag machen.

8. Ronny findet Tara zu **neugierig**.
  Außerdem möchte er nichts **über sich verraten**.

9. a) Hier können wir dir keinen Lösungsvorschlag machen.

  b) Vergleiche deine Lösung mit der Lösung eines anderen Schülers.

10. a) Diese Informationen könnten auf deinem Kalenderblatt stehen:
  19. September – Köln
  Tara und Ronny sind aneinander interessiert.
  Sie reden kaum miteinander.
  Jana hat vergessen, ihren Vater nach Ronny zu fragen.

  20. September – Köln
  Janas Vater verrät nichts über Ronnys Vergangenheit.
  Tara erfährt, dass Ronny bei seiner Tante wohnt.
  Tara macht ein Interview mit Ronny.

Es kommt zum Streit, weil Ronny Tara zu neugierig findet.
Tara findet einen Zettel mit einer Warnung.

b) Zeige den Schnellhefter deiner Lehrerin oder deinem Lehrer.

Lösungen und Lösungsvorschläge zu den Aufgaben von Kapitel 5:

5

1. Die richtige Antwort ist:
☒ ein Feiertag

2. Ronnys Vater ist **betrunken**.

3. Diese Adjektive könntest du markiert haben:
wütend, verzweifelt, enttäuscht, traurig

4. ☐5☐ Der Vater verlässt den Raum.

☐1☐ Ronnys Vater schlägt seine Frau.

☐4☐ Ronny schlägt nicht zurück.

☐2☐ Ronny stellt sich zwischen die Eltern, um seine Mutter
vor weiteren Schlägen zu schützen.

☐6☐ Ronny hilft seiner Mutter in einen Sessel.

☐3☐ Der Vater schlägt jetzt auch Ronny.

5. Sicher hast du diese Wörter aufgeschrieben:
erniedrigt, gedemütigt

6. Hier können wir dir keinen Lösungsvorschlag machen.

7. Gewalt zwischen Menschen, die in einem Haushalt leben, nennt
man „**häusliche Gewalt**". Jede Form von häuslicher Gewalt ist
verboten und **strafbar**.

8. Hier können wir dir keinen Lösungsvorschlag machen.

9. Vergleiche deine Lösung mit der Lösung eines anderen Schülers.

10. Diese Stichworte könntet ihr zum Beispiel an der Tafel gesammelt
haben:
der Vater: sich wegen der Alkoholprobleme und Neigung
zur Gewalt Hilfe suchen, sich wegen der Arbeitslosigkeit

beim Arbeitsamt beraten lassen, mit seiner Frau und seinem Sohn über seine Probleme sprechen ...

die Mutter: sich Hilfe suchen, sich von ihrem gewalttätigen Mann trennen, zum Beispiel für eine erste Zeit in ein Frauenhaus oder zu Verwandten oder Freunden ziehen ...

Ronny: mit einem Lehrer sprechen, sich bei einer Beratungsstelle Hilfe suchen, vorübergehend zu Verwandten oder einem Freund ziehen ...

11. Sicher hast du dies auf Seite 28 unterstrichen:
Zeilen 37 bis 38: <u>Augen verraten viel zu viel über einen Menschen.</u>

12. Ronny **stiehlt** eine Sonnenbrille. Das **ist** eine Straftat.
Aber er wird nicht **erwischt**.

13. Vergleiche deine Lösung mit der Lösung eines anderen Schülers.

14. **a)** So könntet ihr die Ereignisse im Tiergarten mündlich zusammengefasst haben:
Ronny geht im Tiergarten spazieren. Da bemerkt er, dass ihm jemand seinen Geldbeutel stehlen will. Er hält den Dieb fest und schlägt ihn. Da kommen zwei fremde junge Männer dazu. Einer von ihnen tritt den am Boden liegenden Dieb. Die jungen Männer stellen sich Ronny vor. Sie heißen Frank und Pedro.

b) Darüber könntet ihr gesprochen haben:
Gewalt ist nie eine gute Lösung für Probleme. Man hat nie das Recht, jemandem wehzutun. Die Situation ist hinterher nicht besser, sondern meistens schlimmer als vorher.
Außerdem ist das Ausüben von Gewalt strafbar.
Frank verhält sich besonders brutal, indem er einfach so einen Fremden tritt, ohne von der Situation betroffen zu sein.
Außerdem zeigt er hinterher keine Reue.

15. **a)** Das könnte auf deinem Kalenderblatt stehen:
1. Mai – Berlin
Ronnys Mutter will mit der Familie einen Ausflug machen.
Ronnys Vater ist betrunken und verdirbt den Plan.
Es kommt zum Streit.
Ronnys Vater schlägt seine Frau und seinen Sohn.
Ronny geht alleine spazieren.
Er stiehlt in einem Bahnhofsladen eine Sonnenbrille.
Jemand will ihm den Geldbeutel stehlen.

Ronny schlägt den Dieb.
Zwei fremde Männer kommen dazu, einer davon tritt den Dieb.

b) Zeige den Schnellhefter deiner Lehrerin oder deinem Lehrer.

Lösungen und Lösungsvorschläge zu den Aufgaben von Kapitel 6:   6

1. Google ist ein **Computer-Programm**, mit dem man im **Internet** nach **Informationen** suchen kann.
Es gibt auch andere **Suchmaschinen**, zum Beispiel Yahoo.

2. **a)** Sie will Ronny auch nach der Schule beobachten und ihn verfolgen.

   b) und c) Hier können wir dir keinen Lösungsvorschlag machen.

3. Die richtige Antwort ist: ☒ am Rhein

4. Tara befürchtet einen Moment lang, dass Ronny jemanden **überfallen / ~~belogen~~** hat. Doch dann ist sie sich ~~unsicher~~ / **sicher**, dass Ronny so etwas nicht tun würde. Sie hat plötzlich Mitleid mit Ronny, weil er so **traurig / ~~glücklich~~** aussieht. Und sie spürt, dass sie sich in ~~ihm getäuscht~~ / **ihn verliebt** hat.

5. Hier können wir euch keinen Lösungsvorschlag machen.

6. **a)** Das könnte auf deinem Kalenderblatt stehen:
   21. September – Köln
   Tara hat im Internet nichts über Ronny gefunden.
   Sie verfolgt ihn nach der Schule.
   Ronny wirft ein Messer in den Rhein. Er sieht traurig aus.
   Tara merkt, dass sie in ihn verliebt ist.

   b) Zeige den Schnellhefter deiner Lehrerin oder deinem Lehrer.

Lösungen und Lösungsvorschläge zu den Aufgaben von Kapitel 7:   7

1. Das könntest du deinem Partner erzählt haben:
Ronny ist allein im Tiergarten spazieren gegangen. Jemand wollte ihm den Geldbeutel stehlen. Ronny hat den Dieb geschlagen und

zu Boden geschubst. Zwei fremde Männer sind dazugekommen, einer davon hat den Dieb noch getreten. Die beiden Männer haben sich als Frank und Pedro vorgestellt.

2. Sprecht in der Klasse über eure Lösungen.

3. Ronny, Frank und Pedro **sitzen** in der Sonne.
Sie **unterhalten** sich und **trinken** Bier.

4. Frank arbeitet in der Umzugsfirma seines Vaters mit.
Pedro macht eine Ausbildung zum Automechaniker.
Ronny will nach der Schule woanders neu anfangen.

5. Sicher hast du diese Sätze mit Ronny verbunden:
Es ist ihm unangenehm. Er schämt sich. Es ist ihm peinlich.

6. a) Hier können wir dir keinen Lösungsvorschlag machen.

b) Vergleiche deine Lösung mit der Lösung eines anderen Schülers.

7. a) Sicher hast du dies auf Seite 39 unterstrichen:
Zeilen 19 bis 25: <u>Er sagte, dass seine Familie ihn nervt. Sie</u> <u>würden ihm keinen Spaß im Leben gönnen. „Aber den Pennern</u> <u>stopft meine Mutter das hart verdiente Geld meines Vaters</u> <u>in den Rachen“, schimpfte er. „Braucht nur einer zu klingeln,</u> <u>schon holt sie ihren Geldbeutel. Mir kaufen meine Eltern nicht</u> <u>mal ein Auto. Wenn bei mir mal so einer klingelt, der soll bloß</u> <u>aufpassen!“</u>

b) Darüber könntet ihr gesprochen haben:
– Frank ist wahrscheinlich ein junger Erwachsener zwischen
20 und 30 Jahren.
– Vielleicht arbeitet er bei seinem Vater, weil der Betrieb
ein Familienbetrieb ist. Vielleicht soll er später den Betrieb
übernehmen. Oder er hat Ärger an einer anderen Arbeitsstelle
gehabt und nur noch bei seinem Vater Arbeit bekommen.
Vielleicht hat er auch keine Ausbildung abgeschlossen.
Das alles könnte ihn so unzufrieden machen. Er fühlt sich
vielleicht ständig von seinem Vater beobachtet und
bevormundet, wahrscheinlich möchte er freier sein.
Weil er sich nicht traut, sich gegen seinen Vater aufzulehnen,
lässt er seine Wut mit abwertenden Worten und Gewalt
an Schwächeren aus.

c) Darüber könntet ihr gesprochen haben:
– Weil Frank mit seinem Leben unzufrieden ist, hat er viel Wut in sich. Er reagiert seine Wut mit Gewalt an Schwächeren ab. Aber seine Unzufriedenheit verändert sich dadurch nicht.
– Gewalt löst seine Probleme nicht. Er kann dadurch nur noch mehr Probleme bekommen, auch mit der Polizei.
– Frank wäre vielleicht zufriedener, wenn er eine andere Arbeit hätte und von seinen Eltern unabhängig wäre.

8. Das könntest du Ronny raten:
Ronny sollte sich besser von Frank fernhalten. Frank neigt zu Gewalt. Das ist ein schlechter Einfluss für Ronny. Außerdem hat Ronny mit der Gewalttätigkeit seines Vaters genug Sorgen.

9. a) „Du stinkst nach Bier. Genau wie **dein Vater**.“

b) Sicher hast du diese Adjektive markiert: verlegen, beschämt

10. Die richtige Antwort ist:
☒ Er verlässt wortlos die Wohnung.

11. Diesen Satz könntest du auf dem Kalenderblatt zum 1. Mai ergänzt haben:
Ronny, Frank und Pedro unterhalten sich und trinken Bier, dann schlafen sie im Park ein.

12. a) Das könnte auf deinem Kalenderblatt stehen:
2. Mai – Berlin
Ronny wacht im Park auf.
Seine Mutter hat sich Sorgen gemacht.
Sie macht ihm Vorwürfe, weil sie das Bier riecht.
Ronny verlässt wortlos die Wohnung.

b) Zeige den Schnellhefter deiner Lehrerin oder deinem Lehrer.

1. Ronny hat lauter **Narben** an seinem Unterarm.

2. Hier können wir euch keinen Lösungsvorschlag machen.

3. a) Die richtige Antwort ist: ☒ Sie verabredet sich nicht mit Jana.

b) Drei dieser Adjektive könntest du auf die Linie geschrieben
haben: genervt, enttäuscht, traurig, vernachlässigt

c) Darüber könntest du mit einem Partner gesprochen haben:
Tara erzählt Jana nicht die Wahrheit, weil Jana sowieso schon
vom Thema Ronny genervt ist. Jana würde Tara bestimmt sagen,
dass sie Ronny nicht verfolgen soll. Außerdem könnte es Tara
peinlich sein.

4. Ronny bemerkt, dass Tara ihn **verfolgt**. Er sieht sie **böse an**.
Tara fühlt sich plötzlich von Ronny **bedroht**. Sie rennt **fort**.

5. a) Vergleiche deine Lösung mit der Lösung eines anderen Schülers.

b) Hier können wir euch keinen Lösungsvorschlag machen.

6. Das könntest du aufgeschrieben haben:
Jemand hat **etwas Schlimmes oder etwas Verbotenes getan**.

7. Diese Sätze könntest du auf die Linien geschrieben haben:
Ronny und Tara geraten immer wieder in Streit, weil sie sich
zu wenig kennen und nicht genug Vertrauen zueinander haben.
Es kommt zu einem Missverständnis, weil sie nicht ehrlich
miteinander sind.

8. Die richtigen Sätze sind:
☒ Tara sagt, dass sie Ronny nicht aufgeben will.
☒ Jana rät Tara, Ronny eine Weile aus dem Weg zu gehen.

9. a) Diese Sätze könnten auf deinen Kalenderblättern stehen:
22. September– Köln
Tara entdeckt Narben an Ronnys Arm.
Tara belügt Jana.
Sie verfolgt Ronny.
Ronny entdeckt Tara und schreit sie wütend an.
Tara läuft weg.

23. September – Köln

Tara und Ronny streiten sich heftig.

Jana tröstet Tara.

Tara will Ronny trotzdem nicht aufgeben.

Jana rät Tara, sich eine Weile von Ronny fernzuhalten.

b) Zeige den Schnellhefter deiner Lehrerin oder deinem Lehrer.

Lösungen und Lösungsvorschläge zu den Aufgaben von Kapitel 9:

9

1. a) $\boxed{2}$ dass die Familie am Muttertag

$\boxed{3}$ gemeinsam etwas Schönes unternimmt

$\boxed{1}$ Ronnys Mutter hofft,

$\boxed{4}$ und dass der Tag friedlich verläuft.

b) Ronnys Mutter hofft, dass die Familie am Muttertag gemeinsam etwas Schönes unternimmt und dass der Tag friedlich verläuft.

2. Die richtigen Sätze sind:

☒ Er sagt „Ja, ja" zum Vorschlag der Mutter.

☒ Er sitzt am Mittag angetrunken vor dem Fernseher.

☒ Als die Mutter zum Essen ruft, sagt er, dass ein wichtiges Fußballspiel im Fernsehen läuft.

☒ Er will nichts essen, aber die Mutter soll ihm ein Bier bringen.

3. Dies könntest du aufgeschrieben haben:

Die Mutter ist enttäuscht, weil **aus der geplanten Unternehmung mit der Familie nichts wird**.

Die Mutter ist wütend, **weil ihr Mann schon wieder getrunken hat und ihr den Tag verdirbt**.

4. Sicher hast du diese Adjektive markiert:

hilflos, verzweifelt, besorgt, angsterfüllt, hoffnungslos, angespannt, unwohl

5. Er **beschimpft** Ronny.

6. Hier können wir dir keinen Lösungsvorschlag machen.

7. Vergleiche deine Lösung mit der Lösung eines anderen Schülers.

8. Darüber könntet ihr gesprochen haben:
Auf Seite 53 steht, dass der Vater Bier trinkt und dass er beim Gehen leicht schwankt. Daran kann man erkennen, dass er betrunken ist. Außerdem wird der Vater sehr schnell wütend und gewalttätig. Wahrscheinlich hat der Alkohol seine Bereitschaft zur Gewalt erhöht.

9. Der richtige Satz ist:
☒ Die Mutter reagiert verzweifelt und hilflos und macht Ronny Vorwürfe.

10. Sicher hast du dies auf Seite 53 unterstrichen:
Zeilen 39 bis 41: _Papa betrügt dich!"_ ...
„Ich habe ihn mit einer anderen Frau gesehen!" ...
„Und er hat diese Frau geküsst."

11. Besprecht eure Lösungen in der Klasse.
Begründet eure Meinungen.

12. Hier können wir dir keinen Lösungsvorschlag machen.

13. Darüber könntet ihr zum Beispiel gesprochen haben:
– Sich mit einem Messer selbst zu verletzen, nennt man auch „ritzen". Beim Verheilen der Wunden entstehen Narben. Jemand, der ritzt, hat wegen stark belastender Situationen meist seelische Probleme.
– Ronny fühlt sich durch die Schläge und Beschimpfungen des Vaters gedemütigt. Auch die Vorwürfe der Mutter demütigen ihn.
– Er hat durch die Beschimpfungen des Vaters seelische Misshandlungen und durch die Schläge körperliche Misshandlungen erlebt.
– Ronny fühlt sich vernachlässigt, weil sich die Eltern nicht um sein Wohl kümmern und weil er niemanden hat, mit dem er über seine Probleme sprechen kann.

14. a) und b) Hier können wir euch keine Lösungsvorschläge machen.

c) Darüber könntet ihr mit eurer Lehrerin oder eurem Lehrer zum Beispiel gesprochen haben:
Jugendliche, die sich ritzen, können spezielle Hilfe bekommen, z. B. bei ihrem Arzt oder einem Kinder- und Jugendtherapeuten. Diese sind auf jeden Fall verpflichtet, niemandem etwas darüber zu erzählen. Es gibt auch Beratungsstellen im Internet

oder beim Gesundheitsamt. Auf jeden Fall ist es wichtig, sich einem Erwachsenen anzuvertrauen, der einem weiterhelfen kann – egal, ob man sich selbst ritzt oder ob man es bei einem Freund bemerkt. An allen Schulen gibt es spezielle Vertrauenslehrer für besondere Probleme.

15. a) Das könnte auf deinem Kalenderblatt stehen:

13. Mai – Berlin
Ronnys Mutter plant am Muttertag einen Familienausflug.
Der Vater verdirbt den Plan, weil er betrunken ist.
Es kommt zu einem schlimmen Streit.
Der Vater schlägt Ronny.
Ronny schlägt zurück und jagt den Vater aus dem Haus.
Die Mutter macht Ronny deshalb Vorwürfe.
Ronny zieht sich in sein Zimmer zurück.
Er schneidet sich absichtlich mit dem Messer in den Arm.

b) Zeige den Schnellhefter deiner Lehrerin oder deinem Lehrer.

Lösungen und Lösungsvorschläge zu den Aufgaben von Kapitel 10: 10

1. Die richtigen Antworten sind:
a) ☒ Er ist zu seiner Mutter nach Berlin gefahren.
b) ☒ Sie haben nicht miteinander gesprochen. Aber Tara mag ihn immer noch.

2. Darüber könntet ihr gesprochen haben:
Jana könnte ein schlechtes Gewissen haben, weil sie immer so genervt auf das Thema Ronny reagiert. Vielleicht glaubt sie, Tara nicht genug unterstützt zu haben. Vielleicht hat sie aber Tara auch angelogen oder hat ein Geheimnis vor ihr. Vielleicht ist Jana auch in Ronny verliebt. Oder ihr Vater hat ihr etwas erzählt und sie verschweigt es vor Tara.

3. So könntest du die Sätze vervollständigt haben:
Tara hatte vor den Ferien wenig **Zeit für Jana gehabt**. Sie hat Jana sogar einmal **angelogen**. Außerdem hat sie Jana genervt, weil sie ständig von **Ronny geredet hat**.

4. a) Hier können wir euch keinen Lösungsvorschlag machen.

b) So könntest du den Satz ergänzt haben:
Die Redewendung „Jemanden wie Luft behandeln" bedeutet:
Einer tut so, als würde er den anderen **nicht sehen und nicht hören.**

5.

Die alten Schulbücher lagern in der **Bücherkammer des Sekretariats.** Und dort befinden sich auch die **Schülerakten.** Ich werde Herrn Schorner dazu bringen, dass ich ihm **beim Aussortieren der Bücher** helfen muss. Bestimmt kann ich dann heimlich einen Blick in **Ronnys** Schülerakte werfen.

6. a) Sie hofft, einen Hinweis darauf zu finden, **warum** Ronny Berlin und seine alte Schule verlassen hat.

b) Die richtigen Antworten sind:
- ☒ Ronnys Anmelde-Unterlagen
- ☒ die Adresse seiner Mutter
- ☒ die Adresse und Telefon-Nummer seiner alten Schule

c) Die passende Antwort ist: ☒ nein

7. So könntest du den Satz ergänzt haben:
Sie erfährt, dass im Mai in Berlin **ein Obdachloser zusammengeschlagen wurde** und Ronny damit zu tun hatte.

8. Darüber könntet ihr gesprochen haben:
- Datenschutz bedeutet, dass jeder Mensch grundsätzlich selbst entscheiden kann, wem wann welche seiner persönlichen Daten zugänglich sein sollen. Manchmal muss man persönliche Auskünfte wie zum Beispiel Namen, Adresse, Telefon-Nummer, Geburtsdatum oder noch persönlichere Dinge angeben.
  Dies passiert oft beim Arzt oder bei Behörden und Ämtern.
  Diese Daten dürfen nicht an andere weitergegeben werden.
- Das ist wichtig, damit nicht jeder Dinge erfahren kann, die sehr persönlich sind.

9. Tara hat **ohne Erlaubnis** in Ronnys **Schülerakte** gelesen.
Sie hat unter falschem **Namen** Ronnys frühere Direktorin nach vertraulichen **Informationen** gefragt.

10. Darüber könntet ihr gesprochen haben:
- Tara ist wahrscheinlich entsetzt von Ronnys Vorgeschichte. Außerdem ist sie verwirrt, sie weiß nicht, ob sie ihm so eine Tat zutrauen soll. Schließlich ist sie in ihn verliebt.
- Vielleicht fragt sie Ronny nach der Wahrheit. Vielleicht ist sie aber auch verängstigt und will nichts mehr von ihm wissen.

11. a) Das könnte auf deinen Kalenderblättern stehen:

7. Oktober – Köln
Die Herbstferien gehen zu Ende.
Tara und Jana haben viel unternommen.
Tara hat Ronny vermisst.

8. Oktober – Köln
Ronny beachtet Tara nicht.
Tara schafft es, heimlich Ronnys Schülerakte zu lesen.
Sie schreibt sich die Telefon-Nummer der alten Schule auf.

9. Oktober – Köln
Tara ruft unter falschem Namen in Ronnys alter Schule an.
Sie erfährt, dass ein Obdachloser zusammengeschlagen wurde und Ronny damit zu tun hatte.

b) Zeige den Schnellhefter deiner Lehrerin oder deinem Lehrer.

Lösungen und Lösungsvorschläge zu den Aufgaben von Kapitel 11:

11

1. Es findet eine **Gerichtsverhandlung** statt: Ronny ist **angeklagt**, am Abend des 16. Mai gemeinsam mit zwei anderen **Tätern** einen obdachlosen Mann **zusammengeschlagen** zu haben.

2. So könntest du den Satz ergänzt haben:
Ronny befürchtet, dass dann alle denken, dass er **etwas zu verbergen hat.**

3. Die richtige Antwort ist:
☒ Frank und Pedro haben behauptet, dass vor allem Ronny den Obdachlosen zusammengeschlagen hat.

4. a) Seine Mutter begleitet ihn.

b) Sicher hast du so angekreuzt:

	richtig	falsch
Es geht Ronnys Mutter besser, seit ihr Mann ausgezogen ist.	☐	☒
Seit dem letzten Muttertag ist sie immer nur niedergeschlagen.	☒	☐
Am Tag der Gerichtsverhandlung weint sie die ganze Zeit.	☐	☒
Am Tag der Gerichtsverhandlung reißt sich Ronnys Mutter zusammen.	☒	☐
Sie hat am Morgen nicht geduscht.	☐	☒
Sie hat ihr bestes Kleid angezogen.	☒	☐
Ronny ist ihr also doch nicht egal.	☒	☐

5. Der Richter leitet die Verhandlung. Der Staatsanwalt vertritt die Anklage und befragt den Angeklagten.

6. a) Hier können wir euch keinen Lösungsvorschlag machen.

b) Sicher hast du dies auf Seite 69 grün unterstrichen:
Zeile 23: „Nein" ...
Zeile 27: „Zwei Wochen" ...
Zeilen 30 bis 31: „Frank hat mir geholfen, einen Typen zu verprügeln, der meinen Geldbeutel klauen wollte" ...
Zeile 34: „Ich glaube, er hat seinen Frust abgelassen" ...
Zeile 35: „Frank hat zugetreten, als der Typ schon am Boden lag."

c) So könntest du den Satz ergänzt haben:
Ronny wird wütend, weil der Staatsanwalt so tut, als wäre Ronny ein Lügner.

d) Sicher hast du dies auf Seite 69 rot unterstrichen:
Zeilen 38 bis 39: „Ich bin kein Lügner" ... „Frank und Pedro sind die Lügner! Ich habe dem Obdachlosen nichts getan."

e) So könntest du den Satz ergänzt haben:
Der Staatsanwalt sagt Ronny, dass der Obdachlose an seinen Verletzungen **gestorben** ist.

f) Sicher hast du dies auf Seite 70 blau unterstrichen:
Zeilen 52 bis 53: „Lassen Sie mich in Ruhe!" ... „Ich ... ich ... es
tut mir leid! Es tut mir alles so leid!"

7. Hier können wir euch keinen Lösungsvorschlag machen.

8. a) Sicher hast du dieses Bild eingekreist:

b) Die Mutter auf Bild 1 tröstet Ronny.
Sie ist für ihn da und spricht ruhig mit ihm.

9. a) Das könnte auf deinem Kalenderblatt stehen:
27. Juli – Berlin
Es findet eine Gerichtsverhandlung statt.
Ronnys Mutter begleitet ihn.
Frank und Pedro haben Ronny als Hauptschuldigen benannt.
Ronny sagt aus, dass er gar nicht zugeschlagen hat.
Der Staatsanwalt denkt, dass Ronny lügt. Ronny wird wütend.
Er erfährt, dass der Obdachlose verstorben ist.
Ronny ist verzweifelt. Die Mutter bietet ihm keine Unterstützung.

b) Zeige den Schnellhefter deiner Lehrerin oder deinem Lehrer.

Lösungen und Lösungsvorschläge zu den Aufgaben von Kapitel 12:

12

1. a) Der richtige Zettel ist:

> Halte dich
> von Ronny fern,
> bevor es zu spät ist!

b) Drei dieser Adjektive könntest du zum Beispiel aufgeschrieben
haben:
ängstlich, nervös, verunsichert, eingeschüchtert, verwirrt

c) Darüber könntet ihr gesprochen haben:
Tara könnte die Warnung ernst nehmen und Ronny in Ruhe
lassen. Sie könnte mit Jana darüber reden oder sich
einem Erwachsenen anvertrauen. Vielleicht könnte sie den Zettel
auch Ronny zeigen und ihn fragen, ob er etwas darüber weiß.
Vielleicht wirft sie ihn auch einfach weg und denkt nicht mehr
daran.

2. Dies könntest du in dein Heft geschrieben haben:
Tara erzählt Jana: „Ich bin in Ronny verliebt. Ich habe dich neulich
angelogen. Ich habe Ronny nachmittags verfolgt und beobachtet,
weil ich sein Geheimnis herausbekommen wollte. Ich habe
gesehen, dass er ein Taschenmesser in den Rhein geworfen hat.
Dabei hat er ganz traurig ausgesehen. Dann habe ich heimlich
in seine Schülerakte geschaut. Ich habe unter falschem Namen
bei seiner alten Schule angerufen. Ich habe erfahren, dass
in Berlin ein Obdachloser zusammengeschlagen wurde.
Dann habe ich im Internet nach Zeitungsartikeln gestöbert.
Ich weiß nicht genau, was Ronny damit zu tun hatte."

3. a) Jana hat ihr die Zettel geschrieben.

b) „Du hast mir die Zettel geschrieben!", ruft **Tara**.
„Woher weißt du das?", fragt **Jana** leise.
„Du bist keine gute Schauspielerin", antwortet **Tara**.
„Du hast die ganze Zeit über Ronnys Geheimnis
Bescheid gewusst, richtig?", fragt sie.
„Ich wollte dich einweihen! Aber ich musste meinem Vater
versprechen, dir nichts zu sagen", erklärt **Jana** verlegen.
„Verzeih mir!", bittet sie ihre Freundin.
„In Ordnung. Ich habe dir ja auch nicht alles erzählt", beruhigt
Tara Jana.

4. Darüber könntet ihr gesprochen haben:
Jana wollte Tara vielleicht vor Ronny beschützen. Sie wollte, dass
Tara nicht enttäuscht wird.

5. Die richtige Antwort ist:
☒ Tara soll offen und ehrlich mit ihm reden.

6. Hier können wir euch keinen Lösungsvorschlag machen.

7. a) Sicher hast du dies auf Seite 77 rot unterstrichen:
Zeile 36: „Wir müssen reden!" …
Zeile 39: „Ich weiß Bescheid!" …
Zeile 42: „Du hältst mich für eine Erpresserin?" …
Zeile 44: „Können wir nicht woanders reden?" …
Zeilen 47 bis 48: „Aber du hast dem Obdachlosen doch gar
nichts getan, oder?" …
Zeile 51: „Aber du wurdest doch freigesprochen!" …
Zeile 59: „Aber nein, ich wollte dich nur verstehen!" …
Zeile 61: „Weil … weil …" …

Sicher hast du dies auf Seite 77 blau unterstrichen:
Zeile 38: „Was willst du?" …
Zeilen 40 bis 42: „Tatsächlich? Und was willst du?" …
„Eine öffentliche Entschuldigung? Geld?" …
Zeile 43: „Was willst du denn sonst?" …
Zeile 45: „Wozu? Du weißt doch schon alles über mich!
Du kennst mein Geheimnis, werde glücklich damit." …
Zeile 49: „Woher willst du das wissen?" …
Zeile 50: „Der Staatsanwalt hat mir das nicht geglaubt." …
Zeile 52 bis 58: „Der Staatsanwalt musste die Anklage fallen
lassen" … „Ein anderer Obdachloser hat für mich ausgesagt.
Er hat alles beobachtet. … Aber die anderen haben mir das
alle zugetraut." … „Jetzt hast du endlich deine Story für
die Schülerzeitung" … „Das wolltest du doch die ganze Zeit!" …
Zeile 60: „Wozu?" …
Zeilen 64 bis 65: „Du willst mich verstehen? Du willst wissen,
wie ich wirklich bin?" …

b) Hier können wir euch keinen Lösungsvorschlag machen.

8. Dies könntest du in die Denkblase geschrieben haben:

Ronny, ich bin in dich
verliebt. Deshalb muss ich
wissen, wie du wirklich bist.

9. Hier können wir euch keinen Lösungsvorschlag machen.

10. a) Das könnte auf deinen Kalenderblättern stehen:

25. Oktober – Köln
Tara findet einen Zettel mit einer Warnung.
Sie erzählt Jana alle ihre Probleme.
Tara erkennt, dass Jana ihr den Zettel geschrieben hat.
Tara und Jana verzeihen sich gegenseitig.
Jana rät Tara, Ronny nach der Wahrheit zu fragen.

26. Oktober – Köln
Tara und Ronny streiten sich.
Ronny denkt, Tara will in der Schülerzeitung über ihn schreiben.
Ronny reißt seine Faust hoch.

b) Zeige den Schnellhefter deiner Lehrerin oder deinem Lehrer.

Lösungen und Lösungsvorschläge zu den Aufgaben von Kapitel 13:

13

1. Diese Adjektive könntest du markiert haben:
starr, abwesend, vorwurfsvoll, wütend

2. Hier können wir euch keinen Lösungsvorschlag machen.

3. Die richtige Antwort ist:
☒ Sie gehen in einen Kiosk und trinken dort Bier und Schnaps, bis sie angetrunken sind.

4. Darüber könntet ihr gesprochen haben:
Der Kiosk-Besitzer hätte Ronny nach seinem Alter und seinem Ausweis fragen müssen. Er darf nach dem Jugendschutzgesetz Bier, Wein und Sekt nur an Personen ab 16 Jahren verkaufen. Um Schnaps zu trinken, muss man sogar 18 Jahre alt sein. Wer Bier an Personen unter 16 Jahren und Schnaps an Personen unter 18 Jahren ausschenkt oder verkauft, begeht eine Straftat.

5. Sie werden von einem Obdachlosen **angesprochen**.
Er bittet sie um **einen** Euro. Frank und Pedro reagieren sofort sehr **wütend/aggressiv**. Sie **schlagen** den alten Mann zusammen. Ronny steht **wie erstarrt daneben**.

6. Darüber könntet ihr gesprochen haben:
 – Ronny muss an die Schläge seines Vaters denken.
 – Seine Gefühle sind wie abgestorben, Vielleicht ist das so, weil er schon zu oft die Gewalt des eigenen Vaters gesehen und erlebt hat. Er hat zum eigenen Schutz gelernt, seine Gefühle in solchen Momenten zu unterdrücken. Eigentlich müsste er Mitleid mit dem Obdachlosen empfinden.

7. ☐4☐ Er versucht, Frank und Pedro von dem wimmernden alten Mann wegzuziehen.

☐1☐ Er ruft den beiden zu, dass sie aufhören sollen.

☐6☐ Als Frank und Pedro weglaufen, kniet er sich neben den alten Mann.

☐3☐ Er ruft die Polizei und einen Krankenwagen.

☐2☐ Er holt sein Handy hervor.

☐5☐ Er schreit, dass er die Polizei gerufen hat.

8. Sicher hast du dies auf Seite 85 unterstrichen:
Zeilen 65 bis 66: „Er sagte, dass Ronny den alten Fritz nicht geschlagen hat. Er sei unschuldig."

9. Hier können wir euch keinen Lösungsvorschlag machen.

10. a) Hier können wir die keinen Lösungsvorschlag machen.

b) Das könnte auf deinem zweiten Kalenderblatt für den 16. Mai stehen:
16. Mai – Berlin
Ronny trifft sich zum Reden mit Frank und Pedro.
Sie trinken viel Bier und Schnaps.
Ein Obdachloser bittet sie um einen Euro.
Frank und Pedro schlagen ohne Grund auf ihn ein.
Ronny steht wie erstarrt daneben. Ronny versucht, sie vom Schlagen abzuhalten.
Frank und Pedro hören nicht auf.
Ronny ruft die Polizei und einen Krankenwagen.
Frank und Pedro rennen fort.
Ein anderer Obdachloser sagt der Polizei, dass Ronny nichts getan hat.

c) Zeige den Schnellhefter deiner Lehrerin oder deinem Lehrer.

1.

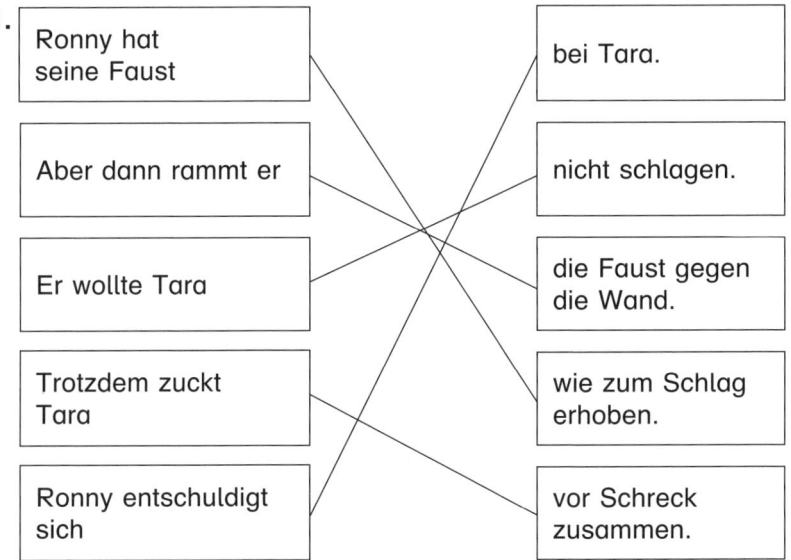

Ronny hat seine Faust	bei Tara.
Aber dann rammt er	nicht schlagen.
Er wollte Tara	die Faust gegen die Wand.
Trotzdem zuckt Tara	wie zum Schlag erhoben.
Ronny entschuldigt sich	vor Schreck zusammen.

2. a) Hier können wir euch keine Lösungsvorschläge machen.

b) Darüber könntet ihr gesprochen haben:
Ronny sagt, dass er Tara hasst. Das meint er aber nicht ernst.
Kurz darauf muss er nämlich lächeln und redet ruhig und ehrlich
mit Tara.

3. Ronny erzählt von **seinem Vater**. Von dessen **Arbeitslosigkeit**,
dem **Alkoholproblem** des Vaters und den **Schlägen**.
„Kein Wunder, dass Ronny so viel **Wut** in sich trägt", denkt Tara.

4. Darüber könntet ihr gesprochen haben:
– Ronny ist gewalttätig geworden, weil sich viel Wut und
Verzweiflung in ihm angestaut haben. Außerdem hat er gesehen,
dass sein Vater versucht, seine Probleme mit Gewalt zu lösen.
Dieses Verhalten hat Ronny übernommen.
– Es könnte Ronny helfen, über alles ehrlich zu reden. Außerdem
tut es ihm bestimmt gut, dass er von seiner problematischen
Familie weggezogen ist und ein Umfeld ohne Gewalt erlebt.

Vielleicht sollte er noch Hilfe bei einem Vertrauenslehrer oder einem Psychologen suchen.

5. Dies könntest du aufgeschrieben haben:
Tara glaubt Ronny, dass er kein Schläger ist. Sie vertraut ihm.

6. Sicher hast du dies auf Seite 90 unterstrichen:
Zeilen 38 bis 41: „Die haben die Höchststrafe bekommen", ...
„Zehn Jahre Haft wegen Körperverletzung mit Todesfolge.
Sie waren beide schon in anderen Fällen von Körperverletzung vorbestraft."

7.
Ich habe das Messer in den Rhein **geworfen**, um endlich damit **aufzuhören**. Ich wollte in Köln **ganz neu anfangen**.

8. Vergleiche deine Lösung mit der Lösung eines anderen Schülers.

9. Die richtige Antwort ist:
Sie sagt,
☒ dass es Ronnys Sache ist, wem er von seiner Geschichte erzählt.

10. Diese Sätze könntest du auf deinem Kalenderblatt vom 26. Oktober ergänzt haben:
Ronny und Tara versöhnen sich.
Ronny erzählt Tara die ganze Wahrheit.
Tara verspricht, nichts in der Schülerzeitung zu schreiben.
Ronny und Tara küssen sich.

11. Hier können wir euch keinen Lösungsvorschlag machen.

12. Hier können wir dir keinen Lösungsvorschlag machen.

13. Sicher hast du die Fragen so beantwortet:
 – Wie heißt der Autor von „Totgeschwiegen"? **Michael Borlik**
 – Wann wurde er geboren? **1975**
 – Wo lebt er heute? **in der Nähe von Leverkusen**
 Wie heißen zwei andere Jugendkrimis des Autors?
 Zwei dieser Titel könntest du aufgeschrieben haben:
 „Heißkalt", „Rosentod", „Unsichtbare Augen", „Stumme Schatten"